ABENTEUER

NORWEGEN

BILDER UND TEXTE VON
LARS SCHNEIDER

Erste Seite:
Der Kjeragbolten, ein eingeklemmter Felsblock, hängt rund 1000 Meter über dem Lysefjord.

Seite 2/3:
Camp mit Lagerfeuer auf einer kleinen Insel im Raftsund auf den Lofoten.

Seite 4/5:
Ruhepause für Mensch und Tier: Etappenziel einer Hundeschlittentour in Nordnorwegen nahe des Øvre Dividal Nationalparks.

INHALT

10
NORWEGEN
– LAND DER ABENTEUER

28
STÄDTE, FJORDE UND FJELLS
– SÜDNORWEGEN

Seite 38
  Die norwegische Riviera
  – Radtour entlang der Südküste

Seite 48
  Mit dem Rad durchs Fjordland

Seite 52
  Rund um den Hardangerjøkul
  – Trekking auf der Hardangervidda

Seite 80
  Jotunheimen – Reich der Riesen

Seite 88
  White Out im Moschusland
  – Schneeschuhtour durchs Dovrefjell

Seite 98
  Die Femundsmarka aus der Sicht
  eines Paddlers

100 Land der Mitternachtssonne – Nordnorwegen

Seite 106
 Trollwetter am Trollfjord
 – Paddeln auf den Lofoten

Seite 116
 Vier Pfoten für ein Halleluja
 – Hundeschlittentour in Lappland

Seite 124: Infos
Seite 126: Register
Seite 127: Karte
Seite 128: Impressum

Widmung
Für meine Eltern,
Margrit und Wilfried
Schneider

Seite 8/9:
Blick vom Kjerag Plateau auf den rund 40 Kilometer langen Lysefjord, der sich in der Nähe von Stavanger in das Landesinnere erstreckt.

Norwegen – Land der Abenteuer

Der Morgen liegt still und klar da, kein Windhauch kräuselt das Wasser des Lysefjords. Sanft schwappt es an das steinige Ufer, keine fünf Meter entfernt. Mit einer dampfenden Tasse Tee in der Hand liegen wir im offenen Zelt und schauen hinaus auf eine Natur, die es so mächtig, so dramatisch und wunderbar wild kein zweites Mal in Europa gibt und an nur wenigen Orten der Erde. Aus dem Wasser wachsen Felswände fast 1000 Meter senkrecht zum Himmel. Drüben, am

Unter der Wintersonne Norwegens: mit Schneeschuhen und Pulka durchs verschneite Dovrefjell.

anderen Ufer, liegen sie bereits in der Sonne, auf unserer Seite schimmern die Steine, das Gras und das Wasser zart blau im Schatten der gigantischen Wand des Kjerag Plateaus.

Eine Stunde später durchschneiden unsere Faltboote das Wasser des Fjords. Wir genießen noch immer die Ruhe, wagen kaum zu sprechen, lauschen den gelegentlichen Schreien einer Möwe, die uns begleitet. Gestern noch waren es Seehunde, die uns innehalten ließen. Sie tauchten von Zeit zu Zeit ganz in der Nähe der Boote auf, steckten ihren Kopf aus dem Wasser, um zu sehen, was da in ihrem Revier passierte. Abgesehen von ihnen und der Fähre, die uns auf ihrem Weg von Stavanger nach Lysebotn, dem kleinen Ort am Ende des Fjords, begegnete, waren wir allein. Allein und mittendrin in einem großen Abenteuer, auf Tuchfühlung mit einem atemberaubenden Land. Und das war erst der Anfang. Der Anfang einer langen Liebe zu Norwegen, die mich immer wieder zurückkehren ließ. Mal in den Süden, mal weit in den Norden, mal ans Meer und mal in die Berge. In Norwegen ist es fast nicht wichtig, wo man sich befindet. Überall lassen sich Abenteuer erleben. Denn Norwegen ist Abenteuer, Abenteuer pur, in jeder Hinsicht. Wegen seiner wilden, ungezähmten Natur, seinen Gletschern und Fjells, seinen Wasserfällen und Fjorden. Wegen seines unberechenbaren Wetters, seiner Geschichte und seiner Menschen.

Blutrünstig und doch genial

Die Wikinger, gefürchtet und geehrt, waren die ersten Norweger, die auf sich aufmerksam machten. Etwa um 800 n. Chr. traten sie – zunächst mit ihren blutigen Raubzügen, später mit der Errichtung von Handelsposten in weiten Teilen Europas – in das Bewusstsein anderer Völker. Sie drangen bis ins heutige Russland vor, kamen nach Nordafrika, besiedelten die Orkney-, Shetland- und Faröer-Inseln und gründeten später dauerhafte Siedlungen auf Island und Grönland. Von dort aus machte sich im Jahre 992 Leif Erikson, Sohn Eriks des Roten auf, um weiteres Land im Westen zu entdecken. Er erreichte die Ostküste Amerikas im heutigen Neufundland und siedelte dort mit seinen Männern. Auch wenn die Wikinger nach nicht allzu langer Zeit von den dort heimischen Indianern vertrieben wurden – sie hatten Nordamerika gut 500 Jahre vor Kolumbus entdeckt.

»Wikinger« heißt übersetzt soviel wie »Männer, die aus den Buchten kommen«, und ihnen folgten viele Jahre später, als Norwegen längst von einer einstigen europäischen Großmacht zu einem wenig beachteten Land weit im Norden geworden war, eine Hand voll Abenteurer und Forscher, die heute wohl bekannt sind. Die zwei berühmtesten: Fridtjof Nansen und Roald Amundsen. Der eine durchquerte als erster Mensch – 1888, zusammen mit Otto Sverdrup – Grönland von Ost nach West auf Skiern und unternahm auf dem berühmten, heute auf der Museumsinsel Bygdøy in Oslo ausgestellten Schiff Fram, eine erfolgreiche wissenschaftliche Fahrt durch das Nordpolarmeer. Der andere, Roald Amundsen, durchsegelte die Nordost- und die Nordwestpassage und gewann am 14. Dezember 1911 mit nur vier Wochen Vorsprung vor dem Engländer Robert Falcon Scott den Wettlauf zum Südpol.

Diese Taten liegen bereits gut 100 Jahre zurück, doch auch in der aktuellen Zeitgeschichte ist es um norwegische Abenteurer nicht minder schlecht bestellt. Da gibt es zum Beispiel Borge Ousland, der 2001 im Alleingang den Nordpol über-

Dichter Nebel weht um das Zelt: An solchen Morgen bleibt man gerne etwas länger im Schlafsack.

schritt, auf Skiern vom Kap Arctichesky in Sibirien zur Ward Hunt Insel in Kanada – am Südpol war er da schon längst gewesen. Oder Liv Arnesen, die erste Frau, die 1994 den Südpol allein und ohne Unterstützung von Außen erreichte – eine Expedition, auf der sie in 50 Tagen 1200 Kilometer auf Skiern zurücklegte.

Und man kann noch eine Stufe zurückgehen, muss nicht einmal bei den herausragenden Persönlichkeiten bleiben, wenn man auf der Suche nach Abenteurern der Gegenwart ist. Denn die bringen einige Länder hervor. In Norwegen verhält es sich dagegen mit den »normalen« Bürgern ebenso etwas anders. Hört man sich um, findet man überdurchschnittlich viele Menschen, die immer wieder hinausgehen und Dinge tun, die nicht unbedingt alltäglich sind. Die Landschaft und wilde Natur, das vielerorts so offensichtliche Spiel der Elemente, müssen einfach besonders anregend wirken. Da gibt es zuhauf Menschen wie du und ich, die das Land gerne mal im nächsten Winter mit Langlaufskiern der Länge nach durchschreiten möchten oder aber das Inlandeis Grönlands – zwei klassische, beliebte Unternehmungen der Norweger. Und doch sind sie dabei so herrlich normal geblieben, allenfalls ein bisschen wortkarg oder schüchtern. Sie erzählen von ihren Taten eher zufällig in einem Nebensatz, bei einem Bier in der Kneipe oder bei einem Tee in einer Hütte irgendwo in den Bergen.

An einem Januarabend im letzten Jahr lernte ich in einer Wanderhütte im Øvre Dividal Nationalpark Aslak Prestbakmo kennen, einen jungen Norweger aus Tromsø. Er war einer dieser unschein-

Eine Schleuse des historischen Telemarkkanals in Vrangfoss, die seit dem Jahre 1892 in Betrieb ist. Wurden früher Waren und Holz ins Innere der Provinz beziehungsweise von dort ans Meer befördert, nutzen den Kanal heute meist Freizeitkapitäne.

baren Abenteurer. Zur Jagd auf Schneehühner war er unterwegs, vor der Tür standen ein Paar Langlaufski aus Holz. Ich fragte ihn, ob er denn viel Wachs nehmen würde, um besser voran zu kommen. »Nein, eigentlich nicht«, erwiderte er. »Als ich im letzten Jahr mit meinem Bruder auf diesen Skiern Norwegen durchquerte, haben wir zusammen nur eine halbe Dose verbraucht.« Wobei es Aslak hier nicht darum ging, mit seiner Tour zu prahlen, bei der er in rund drei Monaten über 2500 Kilometer aus eigener Kraft zurückgelegt hatte. Sie hielt nur her, um mir zu verdeutlichen, wie wenig Wachs er normalerweise benötigt.

Norweger sind Abenteurer, ganz klar, und eine Reise nach Norwegen ist – für die, die sich darauf einlassen – immer mit Abenteuern verbunden. Das Land hat in dieser Hinsicht ein riesiges Potential: Es gibt so viel menschenleere Natur, so viele Felswände, die noch nie einen Kletterer gesehen haben, so viele unbefahrene Wildflüsse, so viel zu entdecken. In jedem Tal, auf jedem Hochplateau, in jeder Ecke des Landes aufs Neue.

Kein böses Omen

Mein erster Kontakt mit Norwegen kann durchaus als abenteuerlich bezeichnet werden. Ein klein wenig jedenfalls, als aufregend mindestens. Spät in der Nacht rollten meine Freundin Katrin und ich vor einigen Jahren in Kristiansand an der Südküste von der Fähre. Es war stockfinster und es goss in Strömen. Natürlich. Wir fuhren in die Nacht hinein und das Setesdal hinauf nach Norden, wussten nicht, wo wir einen Lagerplatz finden sollten. Im Auto zu schlafen war unmög-

Zeltplatz auf einer natürlichen Terrasse hoch über dem Geirangerfjord, dem wohl bekanntesten Fjord des Landes.

lich, weil sich hinter den steil eingestellten Sitzen unseres kleinen Fiats bis unters Dach die Ausrüstung für eine dreimonatige Tour durch Skandinavien ballte: zwei Faltboote, Zelt, Schlafsäcke und Isomatten, Wanderstiefel, Kocher, Rucksäcke, Fotoausrüstung, eine Menge Lebensmittel, und, und, und.

Durch Zufall entdeckten wir einen Schotterweg, der von der Straße knapp 150 Meter zu einem See hinab führte. Wir bogen ab und parkten das Auto, bauten im Licht der Scheinwerfer das Zelt auf. Der Regen hatte uns schnell durchnässt, doch bald schon lagen wir in den Schlafsäcken und wärmten uns langsam wieder auf.

Plötzlich krachte es ohrenbetäubend laut und für eine kleine Ewigkeit wurde es taghell. Ich schaute aus der Apsis – ein Blitz war keine 50 Meter vom Zelt entfernt in einen Telefonmast eingeschlagen, der nun vor sich hinqualmte und im Regen zischte.

Wir überstanden die Nacht und beschlossen, den Blitz nicht als böses Omen einzustufen, nicht als Zeichen verwunschener Trolle. Schon nach wenigen Tagen wurde das Wetter besser und blieb dann ganze zwei Wochen gut. Kaum eine Wolke zeigte sich noch am beständig blauen Himmel. Für Norwegen ist das durchaus erwähnenswert.

Ein geografischer Einzelfall

Geografisch gesehen ist Norwegen kaum mit anderen Ländern der Erde zu vergleichen. Schon einige Zahlen veranschaulichen das: Vom Kap Lindesnes, dem südlichsten Punkt des Landes, bis hinauf zum Nordkap sind es etwa 1750 Kilometer Luftlinie – ungefähr in der gleichen Entfernung vom Südkap in Richtung Süden liegt Rom. Kein Land Europas ist so lang, dabei zwischen der Nordsee im Westen und Schweden im Osten aber recht schlank. An der schmalsten Stelle, weit im Norden bei der Hafenstadt Narvik, sind es gerade einmal sieben Kilometer zwischen Nordsee und schwedischer Grenze, im Süden auf Höhe des Sognefjords – dem mit 204 Kilometern längsten Fjord der Erde – immerhin noch rund 430 Kilometer. Norwegen ähnelt einer auf dem Kopf stehenden Keule der Wikinger. Im Süden, von Kristiansand bis Trondheim, erkennt man den leicht ovalen Kopf, dann folgt der lange Stil bis hinauf zu den Inseln der Lofoten und Vesterålen, nördlich von Tromsø weitet sich das Land noch einmal in die unendlichen, im Sommer mückenverseuchten, Flächen der Finnmark bis hin zur finnischen und russischen Grenze im Osten.

Die einzigartige, zerfranste, von Fjorden und Sunden zerfurchte Küstenlinie schätzt man auf 20 000 Kilometer Länge, was mehr als dem elffachen der Luftlinie vom Süd- zum Nordkap entspricht – und etwa dem halben Umfang der Erde am Äquator. Nicht mitgezählt sind hier die Uferlinien der gut 150 000 der Küste vorgelagerten Inseln und Inselchen. Hier würden zu den 20 000 noch einmal über 35 000 Kilometer hinzukommen.

Die Küste ist in Norwegen allgegenwärtig, das Meer hat für die Menschen – seit jeher ein Volk der Seefahrer – einen besonderen Stellenwert: Ohne seinen Fischreichtum wäre eine Besiedlung des Landes einst kaum möglich gewesen, und noch heute, obwohl der Fischfang seine Glanzzeiten längst überschritten hat, leben gut 80 Prozent der Norweger in einem etwa zehn Kilometer breiten Streifen entlang der Küste.

Eine Nacht über dem Fjord

So wie Norwegen ein Land des Meeres ist, ist es genauso ein Land der Berge. Der viel zitierte Slogan der Lofoten, »Gebirge, das aus dem Meer

Die legendäre »Fram« im Fram-Museum auf der Museumsinsel Bygdøy in Oslo. Mit dem Schiff wurden drei große Expeditionsfahrten unternommen: unter Fridtjof Nansen in Richtung Nordpol, unter Otto Sverdrup nach Nordwest-Grönland und unter Roald Amundsen zum Südpol.

Blick auf die Stadt Bergen an der Westküste und die ihr vorgelagerten Inseln. Für viele ist sie, auch wegen ihrer Lage am Byfjord, die schönste Stadt Norwegens.

wächst«, trifft daher nicht nur auf diese Inseln zu, sondern auf das ganze Land. Gut die Hälfte der Fläche liegt mehr als 500 Meter über dem Meeresspiegel, 25 Prozent sogar über 1000 Meter.

Das beste Beispiel, aber längst nicht das einzige, ist der bereits erwähnte Lysefjord, aus dessen Wasser die Felswände bis zu einem Kilometer hoch in den Himmel steigen – hier trifft das Meer ohne Zweifel unmittelbar auf das Gebirge. Schon an Deck der Fähre, die den Fjord durchkreuzt, fühlt man sich angesichts der gigantischen Dimensionen der Landschaft winzig klein. Im Kajak potenziert sich dieses Gefühl erheblich.

Neben dem Kjerag Plateau, das am Ende des 45 Kilometer langen Meeresarms liegt und vor allem bekannt ist durch seinen in einer Spalte verklemmten Felsblock, ragt der berühmte Prekestol über den Fjord hinaus. Er ist ohne Frage der Aussichtspunkt Nummer Eins in Südnorwegen und ähnlich berühmt wie das Nordkap. Dort oben trifft man viele der Menschen, die Norwegen bereisen: die Bustouristen, die Outdoor-Fans, die Familien mit Wohnwagen, die Studenten mit VW-Bus und viele Norweger, die auf der Reise durchs eigene Land sind. Zwar ragt der Prekestol, der Predigerstuhl, nur rund 600 Meter über den Fjord empor, doch ist er dadurch nicht minder imposant. Wie ein Fußballfeld mutet die tischebene Felskanzel an, die an drei Seiten schnurgerade in die Tiefe abbricht. Oder wie ein Würfel, den man an die Fjordwand geklebt hat und der jederzeit, ohne Vorwarnung, abbrechen könnte. Bei rund 50 000 Besuchern im Jahr, würde das gar nicht allzusehr verwundern.

Katrin und ich übernachteten dort oben. Kurz vor Sonnenuntergang erreichten wir die Kanzel nach zwei Stunden Fußmarsch. Kocher, Isomatten, Schlafsäcke, Essen und das Zelt – was wir

Im Faltboot unterwegs zwischen den Inseln der Lofoten. Auf plötzliche Wetterumschwünge muss man hier immer vorbereitet sein.

brauchten, hatten wir dabei. In aller Ruhe schauten wir uns das Farbenspiel der untergehenden Sonne an, blickten zum weit entfernten Ende des Fjords, wo wir nur zwei Tage zuvor mit den Kajaks angelandet waren. Wir sahen die letzten Tagesgäste verschwinden und waren bald allein. Der Kocher zischte, während die letzten Sonnenstrahlen die gegenüberliegenden Fjordwände in Feuer tauchten; bei einer großen Portion Pasta sahen wir einen kugelrunden Vollmond hinter den Bergen aufsteigen. Über einen halben Kilometer unter uns glitzerte das Wasser.

Ein Mensch pro Quadratkilometer

Nach Island ist Norwegen das am dünnsten besiedelte Land Europas. Perfekt also, um Abenteuer zu erleben, die Wildnis mit nur wenigen teilen zu müssen. Auf einer Fläche von 324 000 Quadratkilometern leben 4,5 Millionen Menschen – aufgrund dieser Angaben eine Bevölkerungsdichte von 13 Einwohnern pro Quadratkilometer zu errechnen, wäre aber falsch, da man mehr als drei Viertel der Menschen entlang der Küsten findet. Im Bereich des Oslofjords beispielsweise, leben sogar rund 80 Menschen auf einem Quadratkilometer – immer noch ein geringer Wert im Vergleich zu Deutschland, wo es rund 200 Menschen auf der gleichen Fläche sind. Noch extremer aber wird es in der Finnmarksvidda, wo man im Durchschnitt nur einen Menschen auf einem Quadratkilometer zählt.

Wer hier lebt, den haben die Einsamkeit, das Zusammenleben mit nur wenigen Nachbarn und die Nähe zur Natur geprägt. Norweger sind freundliche Menschen, sie sind unbeschwert und pragmatisch, sie lachen gern, sind tolerant und hilfsbereit. Man kann es nicht verallgemeinern, doch auf einen sehr hohen Anteil der Bevölkerung treffen diese Attribute zu – selbst wenn Norweger im ersten Moment oft als verschlossen erscheinen.

Naturschutz und Umweltproblematik

Zwar sind auch Norweger, wenn es zum Umweltschutz kommt, keine Heiligen – sie haben viele wilde Flüsse und Wasserfälle in Kraftwerksrohre gezwängt oder sie in Stauseen versinken lassen, sie jagen Wale (die Abschusszahlen sollen sogar wieder erhöht werden) und haben Urwälder abgeholzt, der Pro-Kopf-Stromverbrauch gehört zum höchsten aller skandinavischen Länder und Gifte der Industrie gelangen noch immer in Luft und Wasser. Vielleicht konnten größere Umwelt-Schäden nur dadurch verhindert werden, dass es in einem so weiten Land, dem fünftgrößten Europas, doch nur sehr wenig Menschen gibt. Immerhin aber haben die Norweger trotz alledem erkannt, dass die Natur ein Schatz ist. Für das eigene Volk und für den Tourismus. 18 Nationalparks gibt es derzeit und immer wieder werden diese geschützten Flächen, die zusammen etwa fünf Prozent des Landes ausmachen, erweitert. Nur drei Prozent Norwegens werden dagegen als Ackerland genutzt.

Kritik an den »Umweltsünden« kommt natürlich meist von Urlaubern, die mit einem romantisch verklärten Blick durch Norwegen reisen und denen selbst kleine Narben der Natur stark auffallen. Das mag normal sein, doch muss einem klar sein, dass zum Beispiel die rund 700 Wasserkraftwerke (die ohne Zweifel viele wunderschöne Flusslandschaften für immer zerstört haben) ein Grund dafür sind, dass man in Norwegen keine Atomkraftwerke braucht, und alle Einwohner durch die in anderen Ländern so oft verlangte »saubere Energie« versorgt werden können. Norwegen bindet rund 25 Prozent des Wasserkraftpotentials von ganz Europa – seine Bevölkerung macht in diesem Verhältnis noch nicht einmal ein Prozent aus.

Natur für alle, Natur ohne Grenzen

Das Schöne in Norwegen: Hier wird die Natur nicht strikt vor dem Menschen geschützt und dieser dafür vielfach ausgeschlossen, wie man es aus anderen Ländern kennt, sondern eine Koexistenz gefördert. Das grandiose Jedermannsrecht, das man ebenso aus anderen Ländern Skandinaviens kennt, regelt das Miteinander von Mensch und Natur für alle Beteiligten zufriedenstellend und so, dass Sie, wo auch immer in Norwegen, Ihr Abenteuer ganz sicher erleben können. Wildes Zelten ist bis auf wenige Ausnahmen fast überall

Die Flåmbahn auf dem Weg von Flåm am Aurlandsfjord in die Berge nach Myrdal, wo man in die Bergenbahn umsteigen kann. Auf 20 Kilometern bewältigt die Bahn einen Höhenunterschied von 864 Metern und durchfährt insgesamt 20 Tunnel. Die steilste Passage der meisterhaft gebauten Bahnlinie liegt bei 15 Prozent.

Die Möglichkeiten für Touren in der Wildnis Norwegens sind unendlich. Eine gute topographische Karte dabei zu haben, ist immer wichtig.

möglich. In Nationalparks wie außerhalb. Um Einsamkeit zu erfahren, bedarf es mitunter nicht einmal eines ausgewiesenen Schutzgebietes. Im Winter 2002 wanderte ich mit einem Freund auf Schneeschuhen durch den Dovrefjell Nationalpark. (Damals war er mit 256 Quadratkilometern noch einer der kleineren Parks des Landes. Heute ist er auf eine Fläche von 1693 Quadratkilometer zu einem der größten Naturschutzgebiete Norwegens angewachsen und trägt den neuen Namen Dovrefjell-Sunndalsfjella Nationalpark.) Nach einer Woche Marsch durch die Berge hätten wir eine einzige große Straße und ein paar kleinere überqueren müssen, und wären auf der anderen Seite sofort wieder für mehr als eine Woche fernab der Zivilisation gewesen. Nur wir inmitten der weißen Winterwelt. Kein Haus, keine Straße weit und breit. Allenfalls ein paar Norweger auf Langlaufskiern.

Abenteuer Anreise

Schon die Anreise nach Norwegen und später in Norwegen zum Ausgangspunkt Ihrer Trekking- oder Paddeltour oder was immer Sie unternehmen möchten, ist spannend. Nehmen wir an, Sie wollen durch die Hardangervidda, jene größte Hochebene Europas laufen. Mit dem Schiff sind Sie vielleicht aus Kiel nach Oslo angereist. Haben sich am Abend an Bord noch einen kleinen Drink an der Bar gegönnt und ruhig geschlafen. Früh sind Sie aufgestanden, um die Einfahrt in den Oslofjord, jenen langen Wasserweg hinein ins Land nach Oslo zu erleben. Munter von der frischen Brise laufen Sie durch die Hauptstadt zum Bahnhof und steigen in die legendäre Bergen-

bahn. Das Abenteuer beginnt. Schon hier. Lehnen Sie sich zurück und schauen Sie aus dem Fenster, genießen Sie den Blick auf die Landschaft. Und verschwenden Sie vielleicht ein paar Gedanken an die Geschichte dieser Bahnlinie, die für lange Zeit über rund acht Monate des Jahres die einzige Landverbindung zwischen Oslo und Bergen war. Sie führt nicht nur über die größte Hochebene Europas, sie trägt auch den Titel »längste Hochgebirgs-Bahnlinie Europas«. Knapp 100 Kilometer verläuft der Schienenstrang oberhalb der Baumgrenze. Besonders im Winter ist das ein Problem: Mächtige Schneefälle und Schneeverwehungen verschütten die Gleise oft meterhoch. Nur mit gigantischen Schneefräsen schaffen es die Züge dann noch weiterzukommen. Die Männer, die von 1895 bis 1909 an der 470 Kilometer langen Strecke arbeiteten, leisteten Unglaubliches. Sie sprengten und schlugen unter anderem 200 Tunnel in den harten Fels. 700 000 Kilogramm Dynamit wurden während der Bauzeit von 14 Jahren verbraucht.

Norwegens Städte sollte ich hier ebenfalls erwähnen, denn die eine oder andere werden Sie auf Ihrem Weg in die Natur sicherlich besuchen. Und das ist gut so, denn das Land überzeugt nicht nur durch seine Natur, sondern genauso durch die Zivilisation. Zum Beispiel glänzt Bergen an der Westküste, eine lebendige, moderne und doch traditionsbewusste kleine Metropole am Meer. Bekannt ist sie vor allem für 2000 Millimeter Niederschlag im Jahr, verteilt auf etwa 300 Regentage – für mich ist Bergen trotzdem eine sonnige Stadt. Vielleicht hatte ich Glück: Von fünf Besuchen fiel nur einer ins Wasser. Die anderen Male brauchte ich Sonnencreme anstatt eines Regenschirmes. Man sollte sich also nicht durch Gerüchte davon abhalten lassen, nach Bergen zu fahren. Das Beste, was man in dieser Stadt machen kann – nach einem Spaziergang durch die vielen kleinen, von bunten Holzhäusern gesäumten Gassen und einem Besuch der Tyske Brygge, jener Ansammlung fast 300 Jahre alter Speicherhäuser der Hanse an der Südseite des Hafens – ist, sich auf dem Fischmarkt eine Tüte frischer Shrimps zu kaufen, ein frisches Brot zu besorgen, und dann ein Ticket für die Stadtseilbahn zum Gipfel des Fløyen, dem Hausberg der Stadt, zu lösen. Es gibt keine schönere Stelle, um den Sonnenuntergang zu bewundern, wie er erst die Häuser unterhalb in sanftes Licht taucht und dann die Sonne beim Versinken im Meer zu beobachten, während gleichzeitig immer mehr Lichter Bergens aufflammen.

Oslo und Stavanger, Trondheim oder Ålesund – sie sind alle einen Besuch wert. In der Hauptstadt verzaubert der Vigeland Park mit seinen über 200 Skulpturen des Künstlers Gustav Vigeland, geschaffen aus Granit, Schmiedeeisen und Bronze. In Stavanger mag es die Altstadt sein, in Ålesund

Sterne ziehen ihre Bahnen über den DNT-Hütten (Den Norske Turistforening) am Rembesdalsvatnet im Osten der Hardangervidda.

die Jugendstil-Architektur, in der viele der Häuser nach einem großen Brand im Jahre 1904 wieder aufgebaut wurden. Und auch dort kann man den Sonnenuntergang von einem wunderbaren Aussichtsberg genießen, dem Aksla, nur 418 Treppenstufen vom Zentrum entfernt.

Noch schöner als die großen Städte sind für viele die kleinen Dörfer und Ortschaften, insbesondere die an der Südküste gelegenen. Zwischen Kristiansand und Oslo reihen sie sich blitzend weiß aneinander, wie die schönsten Perlen auf einer Kette. Kragerø, Arendal, Tvedestrand, Lillesand und allen voran das Dorf Lyngør. Im Jahre 1991 wurde es von der damaligen EG zum schönsten Dorf Europas gekürt. Und diesen Titel verdient es noch heute. Gut einen Kilometer vor der Küste gelegen und nur per Wasser-Taxi zu erreichen, breitet sich das Dorf über vier benachbarte Inseln aus. Es gibt keine Autos und keine Straßen, gerade einen kleinen Weg, nicht breiter als ein Radweg, der über die Inseln führt. Knapp 3000 Menschen leben hier im Sommer, im Winter bleiben nicht mehr als 100. Und so schön der Sommer sein mag, die Zeit, wenn alles grünt und frisch duftet, wenn man in den Seen und Fjorden baden kann und abends nie müde wird, weil es so lange hell ist und es im Norden im Schein der Mitternachtssonne teilweise gar nicht mehr dunkel wird – der Winter ist eine magische Zeit, eine Zeit, die man in Norwegen unbedingt einmal kennen lernen sollte.

Land des Wintersports

Jeder wird sich an die Bilder der Olympiade in Lillehammer 1994 erinnern: Die Norweger sind begeisterte Wintersportler. Es gibt wohl nur wenige, die keine Langlauf- oder Abfahrtski in ihrem Keller stehen haben und so trifft man auf Wintertouren oft mehr Einheimische, als zu jeder anderen Jahreszeit. Die Hütten des Wandervereins DNT (Den Norske Turistforening) sind geöffnet beziehungsweise mit einem Mitglieder-Schlüssel zugänglich und so ist man nicht einmal dazu gezwungen, zu zelten. Wobei – wenn Sie ohnehin mit dem Gedanken spielen, eine Schneeschuh- oder Skitour zu machen, sollten Sie unbedingt überlegen, ob Sie nicht doch im Zelt schlafen wollen. Selbst wenn es morgens einige Überwindung kosten mag, die Kapuze des Schlafsacks zu öffnen und sich hinauszuschälen, um einen Tee zu kochen und dann mit klammen Fingern das Müsli

Blick auf den berühmten Felsklotz des Prekestolen aus einer ungewöhnlichen Perspektive: vom Lysefjord aus, 600 Meter tiefer.

20

Der Kapitän Edgar Salstad auf der Brücke seines Hurtigruten-Schiffes »MS Nordkapp«. Trotz moderner Navigationsmittel ist es an der zerklüfteten Küste Norwegens immer wichtig selbst den Überblick zu behalten.

anzurühren – das Wintererlebnis wird so noch viel abenteuerlicher. Außerdem steigen Ihre Chancen, einem der schönsten Naturschauspiele der Erde beizuwohnen erheblich, je mehr Sie sich draußen aufhalten. Ich spreche von Nordlichtern. In manchen Winternächten flammen sie über den tiefschwarzen, von Sternen übersäten Nachthimmel und verzaubern jeden Betrachter. Bis die Füße zu Eisklumpen erstarrt sind, der Nacken vom weit zurück geneigten Kopf verspannt ist, bleibt man stehen und staunt, schaut zu dem Flackern in Grün und Rot, mitunter Blau und Violett empor, entdeckt immer neue Formen und Gestalten. Je weiter nördlich Sie sich befinden, desto höher sind Ihre Chancen, Nordlichter zu sehen. Wer Nordlichter mit etwas mehr Komfort beobachten will, kann natürlich einige Zeit in Hammerfest verbringen, der nördlichsten Stadt der Welt. Dort gibt es Hotels und Sie müssen nicht einmal nächtelang durchwachen, um Nordlichter abzupassen. Vom 21. November bis zum 23. Januar geht hier die Sonne nicht auf, und es ist somit auch tagsüber dunkel genug, um die Aurora Borealis zu beobachten.

Die schönste Seereise der Welt

Besonders schön ist die Anreise nach Hammerfest über das Meer. Der Hafen der Stadt ist einer von 34 Anlaufpunkten der legendären Hurtigruten, jener blau-rot-weißen Dampfer, die täglich, vom 1. Januar bis zum 31. Dezember, die rund 2500 Seemeilen lange Route von Bergen nach Kirkenes bedienen. Im Juli des Jahres 1893 nahm das erste Schiff, die »Vesterålen«, ihren Betrieb auf und fuhr in knapp 67 Stunden von Trondheim nach Hammerfest. Einige Jahre später wurde die Route im Süden nach Bergen, im Norden bis nach

Kirkenes nahe der russischen Grenze ausgedehnt. Orte entlang der Küste, die zuvor nicht einmal über den Landweg erreichbar gewesen waren, erlebten durch die Anbindung an den Rest des Landes einen enormen Aufschwung.

Heute sind die Schiffe zwar nur knapp zwei Stunden schneller als damals, bieten aber einen gestiegenen Komfort. Denn aus den Post- und Frachtdampfern von einst sind moderne Kreuzfahrtschiffe geworden, die sich nur noch zum Teil durch den Transport von Fracht, wie zum Beispiel Fisch, der eisgekühlt aus den Häfen des Nordens nach Bergen gebracht wird, finanzieren. Die Straße hat zu große Mengen des Güterverkehrs übernommen. Durch die Vermarktung als »schönste Seereise der Welt« – und diesen Titel hat die Hurtigrute durchaus verdient – kommen Gäste aus aller Herren Länder, um die Küste Norwegens aus einer einzigartigen Perspektive kennen zu lernen. Bis zu 700 Passagiere nehmen die größten der heute 14 Schiffe auf und ihnen wird einiger Luxus geboten. Sogar eine Sauna oder Fitnessräume gibt es auf den neuesten Schiffen. Dabei bedeutet schon der Besuch der eigenen Kabine zum Schlafen verlorene Zeit: Angesichts der atemberaubend schönen Küstenlandschaft sollte man jede Stunde an Deck verbringen. Mit etwas Glück kann man sogar einen Wal oder Delfine beobachten, auf den Reisen im Winter Nordlichter.

Vor 200 Jahren malten sich die Küstenbewohner des Nordens selbst in ihren kühnsten Träumen nicht annähernd einen Schiffsservice wie den der

Ein Kutter liegt im kleinen Hafen von Lysebotn, am tiefen Ende des Lysefjords, vor Anker.

Hurtigruten aus. Die Post kam maximal alle drei Wochen: Die norwegische Regierung hatte damals eine Ruderstaffel aufgestellt, die in drei Mannschaften von jeweils acht kühnen Männern die Etappen Trondheim–Bodø, Bodø–Tromsø und Tromsø–Alta bedienten.

Minderheit über dem Polarkreis

Wer an Skandinavien denkt, hat neben der Landschaft nicht selten noch ein anderes Bild vor Augen: Menschen in blau-roten Trachten, die sonderbare Schuhe und Zipfelmützen tragen und weit im Norden leben. Die Rede ist von den Samen. Noch rund 40000 leben heute im Norden der skandinavischen Länder und Russlands, dabei gut die Hälfte von ihnen in Norwegen, wo sie die größte und wichtigste Minderheit der Bevölkerung ausmachen. Die meisten Samen findet man zwar in der Finnmark, doch siedeln vereinzelte Familien auch weiter im Süden Norwegens, so zum Beispiel in der Region des Femund-Sees. Der Name »Samen« leitet sich von dem finnischen Wort »suomi« ab, was soviel wie Sumpfleute bedeutet. Lange Zeit wurden die Samen und ihre vom Schamanismus geprägte Kultur in Norwegen unterdrückt, erst in den letzten Jahrzehnten wurden ihnen mehr Rechte zugestanden. So haben sie heute ein eigenes Parlament, das sich vornehmlich um ihre Belange kümmert, seit 1990 gilt Samisch in großen Teilen Nordnorwegens neben dem Norwegischen als gleichberechtigte Amtssprache. Weniger als ein Zehntel der Samen lebt heute noch traditionell als nomadisierende Rentierzüchter.

Camp am Ufer des Isteren-Sees, der mit seinen vielen Sandstränden ein reizvolles Ziel für Paddler ist.

Was sie bewegt, ihrem harten Lebensstil weiter nachzugehen, wo die meisten Männer und Frauen ihres Volkes einen anderen, vermeintlich leichteren Weg gewählt haben, darüber kann man nur spekulieren. Vielleicht mag es daran liegen, dass sie sich ein Leben ohne den ständigen Kontakt zur Natur nicht vorstellen können, dass sie es zu sehr vermissen würden, am Morgen vor ihr Zelt treten zu können, um diese unendlich klare, reine Luft zu atmen. Dass ihnen die Abende am Lagerfeuer und die Nächte unter einem grenzenlosen Sternenhimmel fehlen würden. Man weiß es nicht. Für mich wäre dies ein nachvollziehbarer Grund. Denn genau diese Dinge sind es, die mich immer wieder dazu bewegen, ein weiteres Mal nach Norwegen zurückzukehren. In ein Land, das man auf jeder Reise anders kennen lernt und in dem es nie langweilig wird. Reisen nach und durch Norwegen sind jedes Mal aufs Neue ein Abenteuer.

Seite 24/25:
Regen peitscht durch die Luft, Wolken wabern über das Kjerag Plateau. Vom 1000 Meter tiefer gelegenen Lysefjord ist nichts zu sehen.

Seite 26/27:
Ein Lavvu, ein typisches Samenzelt, ist auch im Winter ein behaglicher Aufenthaltsort.

NORWEGEN

STÄDTE, FJORDE
UND FJELLS
– SÜDNORWEGEN

Im südlichen Teil Norwegens, vom südlichsten
Punkt Kap Lindesnes bis zur geografischen Mitte
des mit 1756 Kilometern extrem lang gestreckten
Landes, lebt der größte Teil der Bevölkerung, hier
finden sich die größten Städte: allen voran die
Hauptstadt Oslo, das kulturelle und wirtschaft-
liche Zentrum. In Bergen, der zweitgrößten Stadt
an der Westküste, begegnet man der Geschichte
der Hanse, historische Hauptstadt war einst Trondheim und das Öl hat Stavanger zur viertgrößten
Siedlung werden lassen.

Trotzdem ist Südnorwegen auch ein Paradies
für Naturfreunde: Hier finden sich die berühmtesten Fjorde an der Westküste, wie der Geiranger-,
Hardanger- oder der Sognefjord, »König der Fjorde«
genannt. Im Landesinneren erheben sich die Fjells,
Berggebiete oberhalb der Baumgrenze, wie das
Dovrefjell oder Sognefjell. Norwegen ist größtenteils Gebirgsland: Mehr als die Hälfte der Fläche
erhebt sich mehr als 500 Meter über den Meeresspiegel, ein weiteres Viertel sogar über 1000 Meter. Je weiter man nach Norden kommt, desto
enger rücken Fjorde und Bergriesen zusammen.

**Erleuchtete Zelte am Isteren-
See in der Femundsmarka. Die
Region liegt im Osten Norwe-
gens nahe der schwedischen
Grenze und erstreckt sich** rings um den großen Femund-
See. Sie ist das südlichste
Siedlungsgebiet samischer
Bevölkerung.

Oben:
Die nächtliche Hafenpromenade und das Rathaus von Oslo. Im östlichen Turm gibt es ein Glockenspiel mit 38 Glocken.

Rechts:
Blick von der Auffahrt zum Königlichen Schloss Oslos zurück auf die Karl Johansgate, Promeniermeile und Hauptgeschäftsstraße.

Links:
Auch wer nur kurz in Oslo ist, sollte sich die Zeit nehmen, und durch den Vigelandspark spazieren – zu entdecken sind über 200 Skulpturen aus Bronze, Granit und Schmiedeeisen des Künstlers Gustav Vigeland.

Unten:
Die Karl Johansgate, die belebteste Straße der Hauptstadt mit vielen Geschäften, Cafés und Restaurants, am frühen Abend.

Großes Bild:
Die südlichsten Felsen Norwegens am Kap Lindesnes – 1750 Kilometer Luftlinie und 2518 Straßenkilometer in nördlicher Richtung liegt das viel berühmtere aber weitaus weniger beschauliche Nordkap.

Der Leuchtturm von Lindesnes ist nicht nur der südlichste, sondern auch der älteste Leuchtturm des Landes. Erbaut wurde er im Jahre 1915.

Gebäude am Leuchtfeuer von Lindesnes. In einigen Leuchtturm-Anlagen Norwegens sind Ferienwohnungen eingerichtet worden. Dort für einige Tage einquartiert, bekommt man einen kleinen Einblick in das Leben eines Leuchtturmwärters.

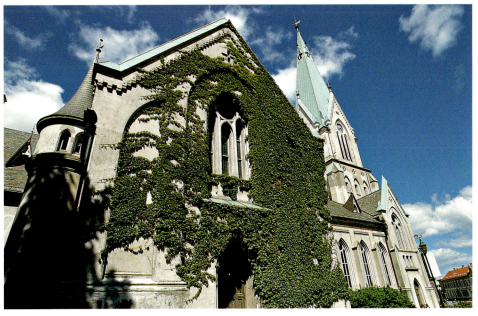

Der Dom von Kristiansand, der größten Stadt der Südküste zwischen dem Südkap und Oslo. Hier erreichen die meisten Reisenden mit den Fähren aus Norddänemark das Land.

33

Idyllisch gelegenes Haus an der Straße 411 zwischen Tvedestrand und Lyngør in der Provinz Aust Agder.

Urlandschaften in Südnorwegen: von Moos bewachsene Felsplatten in einem Wald der Provinz Vest Agder.

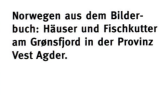

Ein typischer kleiner Hof, aus Holz und rot gestrichen, an der Straße nach Søm im Süden des Landes.

Norwegen aus dem Bilderbuch: Häuser und Fischkutter am Grønsfjord in der Provinz Vest Agder.

Der Hafen von Lillesand an der Südküste. Der norwegische Schriftsteller Knut Hamsun, der 1920 den Nobelpreis für Literatur erhielt, übernachtete oft im örtlichen Hotel Norge.

Fast schon Mittelmeer-Idylle: Treppenstufen in einem Vorort von Arendal, einer malerischen Hafenstadt an der Südküste.

36

Tvedestrand, eines der vielen blitzweißen Städtchen an der Skagerrak-Küste zwischen Kristiansand und Oslo, am Ende des Oksfjords gelegen.

Erst im Frühsommer blüht der Flieder auf der Insel Lyngør. Gut einen Kilometer vor der Küste gelegen breitet sich das Dorf Lyngør über vier benachbarte Inseln aus.

SPECIAL ABENTEUER

Die norwegische Riviera – Radtour entlang der Südküste

Mitte:
Norwegen ist auch im Hinterland der Südküste ein recht hügeliges Terrain. Das bedeutet für Radfahrer zwar viele kurze, knackige Anstiege, aber immer wieder auch rauschende Abfahrten.

Es ist sieben Uhr als wir von der Fähre rollen, die uns über Nacht aus Hirtshals nach Norwegen gebracht hat. Kristiansand reibt sich seine noch verschlafenen Augen, der Himmel ist trist-grau, die Quecksilbersäule steht bei neun Grad Celsius. Im Zentrum der Stadt, vor dem Dom, bauen Marktleute gerade ihre Stände auf, ein alter Mann sitzt in einem kleinen Park am Ende der Markensgate und füttert Tauben mit Brotresten.

Die erste Juniwoche ist angebrochen, doch wir sind anscheinend trotzdem noch etwas früh dran im Jahr mit

Im Sommer sind die Inseln von Lyngør belebt. Von den dann maximal 3000 Bewohnern bleiben im Winter allerdings kaum 100 vor Ort.

unserer Radtour. Der Plan, mit einem Schiff zunächst das Stadtgewirr von Kristiansand zu umgehen und nach Lillesand etwas weiter im Osten überzusetzen, ist hinfällig geworden. Noch fährt das Ausflugsboot nicht. Die Saison beginnt erst in einigen Wochen.

So rollen wir aus der Stadt hinaus und hinein in den Tag. Parallel zur Küste fahren wir in Richtung Osten. Die Reifen surren, eine leichte Brise raschelt in den Bäumen.

Die Kilometerzahl auf dem Tacho steigt langsam, wir sind unterwegs. Endlich. Nur wenige Autos passieren uns, für Momente gehört die Straße nur uns allein. Eine Bremsspur auf dem Asphalt endet unmittelbar auf Höhe eines Elch-Warnschildes, unserem ersten für heute.

Eine Woche lang wollen wir die »Costa Blanca« Skandinaviens erkunden, uns von Kristiansand gen Osten treiben lassen. Ihren Beinamen hat die Südküste ihren schmucken weißen Dörfern zu verdanken, durch die man an einem schönen Sommertag fast nur mit einer Sonnenbrille flanieren kann. Zu sehr blenden die weiß getünchten Holzhäuser. Ganz anders als im Rest des Landes, sieht man hier weniger rote, gelbe oder blaue Gebäude.

Unsere Mittagspause legen wir in Kjøpmansvik ein, einem kleinen Dorf am Ende einer Stichstraße, die von der Landstraße 401 abzweigt und einige Kilometer hinunter zum Meer führt – von hier geht es nur noch übers Wasser weiter. Während wir einige Scheiben Brot verdrücken, legt neben uns an einem Steg ein Boot an, auf das drei Sitzbänke montiert sind. Noch einmal wittern wir unsere Chance, auf dem Wasserweg nach Lillesand zu kommen. »Ist das ein öffentliches Boot?«, frage ich den Kapitän. »No, sorry. That's our school boat.«

Lagerfeuer und ein flammender Himmel

Einen Tag später, an einem Sonntag, erreichen wir Lillesand. Man heißt uns willkommen. Die Schulband versucht sich gerade an einem Jazz-Klassiker, der ganze Ort scheint auf den Beinen zu sein. Lachende, blonde Kinder mit riesigen Softeistüten laufen an uns vorbei, den Mund weiträumig verschmiert, alte Damen wippen am Marktplatz sitzend mit ihren Füßen im Rhythmus der Musik, nicken uns freundlich zu. Auch der berühmte norwegische Schriftsteller Knut Hamsun mochte Lillesand. Des öfteren war er Gast im Hotel Norge, das heute noch strahlend in der zweiten Häuserreihe am Hafen steht.

Die Südküste ist einer der dicht besiedelsten Landstriche Norwegens, und einen wilden Zeltplatz zu finden, ist mitunter schwierig. Da die öffentlichen Zeltplätze aber noch alle geschlossen sind, bleibt uns nichts anderes übrig, als angestrengt zu suchen. Besonders viel Glück haben wir am dritten Abend: Unser Zelt steht in einem kleinen Kiefernwäldchen, davor gleiten Felsen sanft ins Wasser eines großen, stillen Sees. Wir machen ein Lagerfeuer und berauschen uns an einem Sonnenuntergang, der einfach nicht enden will. Nach mehr als

Ganz oben:
Wer den Schildern des Küstenradwegs durchweg folgt, lernt zwischen Lillesand und Grimstad einen sandigen Abschnitt kennen.

Oben:
Dieser Sandweg lässt sich mit viel Gepäck kaum befahren.

Oben:
Pleiten, Pech und Pannen. Ein Plattfuß in Kragerø, nur wenige Kilometer vor dem Ende der Radtour entlang Südnorwegens Küste.

Unten:
In einem ruhigen Wäldchen nicht weit von Kristiansand finden wir einen kleinen Fleck für unser Zelt und die erste Nacht auf dem Weg gen Osten.

Rechts oben:
Sanft geschwungen sind viele Felsen der Schären an der Skagerrak-Küste. Diese Formation in der Nähe von Arendal gleicht einem bequemen Liegestuhl.

Rechts Mitte:
Der Hafen von Tvedestrand. Wie in einem Amphitheater liegen die weißen Holzhäuser der Stadt im Halbrund um das Hafenbecken, das im Sommer viele Segler besuchen.

Obwohl die Südküste und ihr Hinterland zu den stärker besiedelten Regionen Norwegens zählen, ist man immer wieder schnell allein. Die meisten Landstraßen sind von Autos nur wenig befahren.

zwei Stunden leuchten noch immer rote Wolkenfetzen am Himmel und schauen hinter einer Galerie aus dunklen Tannenspitzen am westlichen Seeufer hervor.

Auf der »410« düsen wir am nächsten Tag weiter gen Osten. Der Routenverlauf heute ist nahezu perfekt, die Essenz unserer Woche an der Südküste: Die Straße verläuft in leichtem Auf und Ab durch kleine Wälder und pittoreske Ortschaften, berührt Buchten und überquert Meeresarme, eröffnet immer wieder neue, immer wieder andere Blicke auf die Skagerrak-Küste und die ihr vorgelagerten Inseln und Inselchen, Schären jeglicher Größe und Form. Eilande, die mal kaum aus dem Wasser ragen, mal steil aufsteigen, wie Maulwurfshügel, mal kahl sind, dann wieder bestanden von Kiefern, mal unbewohnt, mal gekrönt durch ein buntes Holzhaus mit einem Steg davor.

Eine lange, steile Abfahrt führt uns durch die Gassen von Tvedestrand hinab an den Hafen. Von unten erkennt man erst so richtig, wie einmalig die Lage des Ortes ist. Die Häuser kleben förmlich an dem bewaldeten Hang, der sich wie die Sitzreihen eines Amphitheaters um das Hafenbecken schmiegt. Einige Motorboote und Segeljachten liegen am Kai vertäut, doch man merkt, dass die Saison noch nicht begonnen hat. Es ist beschaulich und ruhig auf dem Wasser und an der kurzen Promenade.

Umso besser für uns: Wir finden eine Bank, auf der wir uns ausstrecken und unsere müden Beine von der Sonne streicheln lassen können. Direkt hinter uns ein Kiosk, an dem es Hot Dogs gibt. An Hot Dogs kommt man nämlich nicht vorbei als Norwegen-Reisender. In keinem Land, sind sie so lecker wie hier – allenfalls noch in

Dänemark –, erst recht nach einer anstrengenden halben Tagesetappe auf dem Rad. Eine schön gegrillte Wurst in einem Gummibrötchen, dazu vielerlei Saucen und eine große Portion gerösteter Zwiebeln obendrauf, gesichert von einer Lage Ketchup. Beim Abbeißen muss die Sauce auf jeden Fall links und rechts aus dem Brötchen hervorquellen. Der Klops im Magen ist sicherlich nicht förderlich für den weiteren Verlauf der Tour an diesem Nachmittag, aber egal ...

Das schönste Dorf Europas

15 Kilometer später haben wir uns nach zahlreichen Steigungen und Abfahrten den Hot Dog längst wieder abgestrampelt und nähern uns dem Höhepunkt der Tour. Heute Abend wollen wir unser Zelt am Rande von Lyngør aufstellen. Dem Dorf, das 1991 zum schönsten Europas gekürt wurde und das diese Auszeichnung heute noch verdient. Ein »Traum in Weiß«, diese Beschreibung würde hier zutreffen. Das Dorf liegt gut einen Kilometer vor der Küste. Mit dem Bootstaxi setzen wir am späten Nachmittag aus Gjeving über. Auf vier kleinen, hügeligen, eng beieinander liegenden Inseln thront das Dorf. Dicht drängen sich weiße – natürlich weiße – kleine Sommerhäuser und feine Villen auf dem knappen Land. Es gibt keine Autos in Lyngør und jetzt, Anfang Juni, noch nicht viele Menschen. Hier und da sitzt jemand auf seiner Terrasse, da und dort hämmert und werkelt man, macht die Häuser bereit für den Sommer. »Vielleicht 2000 bis 3000 Menschen leben hier im Juli und August«, erzählt ein Einheimischer. »Im Winter sind es gerade einmal 100«. Unser Wassertaxi setzt uns am Steg von Ytre Lyngør ab, der größten der vier Inseln, dann sind wir allein. Nur ein Weg, knapp zwei Meter breit und asphaltiert, verbindet das eine Ende der Insel mit dem an-

Links Mitte:
Nur auf dem Wasserweg erreicht man das Dorf Lyngør. Es erstreckt sich über vier kleine Inseln, ist auto- und weitgehend wegefrei und wurde vor einigen Jahren zum schönsten Dorf Europas gekürt. Eine Auszeichnung, die es wahrlich verdient.

Links unten:
Auch wenn das Wasser vor der Küste der Provinz Aust Agder im Moment ruhig ist, die Boote der norwegischen Seenotrettungsgesellschaft haben eine wichtige Funktion.

deren, wer einen Spaziergang machen will, ist in seiner Routenwahl ziemlich eingeschränkt. Da ist es schon viel spannender, dem Bootsverkehr auf dem Kanal zwischen den Inseln zuzuschauen.

Wir finden einen Zeltplatz am nördlichen Ende des Eilandes: Unser Stoffpalast steht auf einer Stein-Terrasse, keine 20 Meter vom Wasser entfernt, das Glucksen des Meeres umfängt uns, das Rufen der irritierten Möwen und der Duft des Salzwassers. In einer Felsritze blüht wilder Schnittlauch, gelbgrüne Flechten überziehen das Gestein ringsum. Am Abend fällt der Lichtkegel des

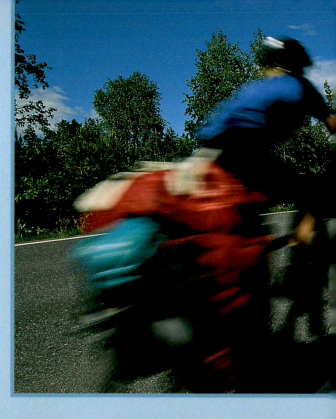

Mitte:
Auf den Nebenstrecken der großen Straßen und vor allem in der Nebensaison ist man als Radfahrer relativ ungestört.

Oben:
Im Frühling, bevor die Sommergäste kommen, findet man auch auf Ytre Lyngør, der Hauptinsel, noch einen Platz fürs Zelt, und möchte am liebsten gar nicht mehr fort.

Oben Mitte und oben rechts:
Viel Platz braucht man nicht, um für eine Nacht sein Lager aufzuschlagen. Und ungestörte Wäldchen die zum Bleiben einladen, gibt es in regelmäßigen Abständen.

Leuchtturms von Lyngør über den Felsrücken hinter dem Zelt zu uns herab: Wir stapfen im Schein des Vollmonds hinüber, setzen uns in eine Felsmulde und schauen dem Licht zu, wie es seine Runden dreht. Dunkel. Hell. Dunkel. Hell. Ein Blinken als Zeichen der Sicherheit, der Warnung an Steuermänner vor den unberechenbaren Schären.

Zwei Tage bleiben wir auf Lyngør, lernen den Landhandel und sein Süßwarenregal kennen, eine Inselkatze, die uns auf unseren Spaziergängen begleitet und die wir Kalle nennen, sowie einige Bewohner des Dorfes. Einer ist Schriftsteller, wie könnte es anders sein. Es gibt sicher nicht viele Plätze auf der Erde, die einem Schriftsteller besser stehen würden.

SHRIMPS STATT WEINGUMMI

Erst als wir Lyngør wieder verlassen, ändert sich das Wetter. Es regnet und ist kalt, es scheint, als hätte man uns in den April zurückversetzt. Doch das Wetter passt zur Route, macht den Wald, durch den sich unsere Landstraße schlängelt noch grüner, noch saftiger und lebendiger. Wir quälen uns bergauf und rollen wieder hinab, vorbei an einsam stehenden, bunten Gehöften, Farbklecksen unter dem grauen Himmel, durch kleine Dörfer, an Seen entlang, an deren Oberfläche die Wolken lecken, an tief ins Land ragenden Meeresarmen.

Wir sind unterwegs zur »Perle der Südküste«, wie es in einem Reiseführer heißt, unterwegs nach Risør, mit

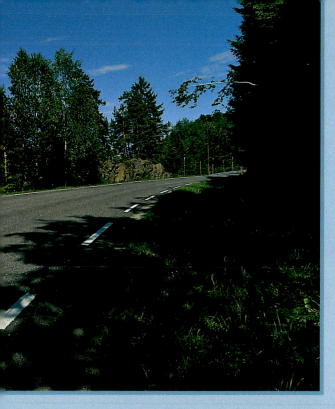

fen die Schale über Bord. Die Möwen ergattern sie meist noch, bevor sie im Heckwasser der Fähre landen.

Das Boot erreicht Øysang, ein Dorf, das man kaum so nennen kann. Drei, vier Häuser sind auf den ersten Blick zu sehen, es ist unerklärlich, wohin die 15 Teenager verschwunden sind, die die Fähre hier verlassen haben. Oben, an der Landstraße nach Stabbesand steht eine Tankstelle. Sie ist verlassen, ihr Vorplatz von Scherben übersät, zwei einsame Zapfsäulen von schwarzen, durchlöcherten Müllsäcken überzogen. Ein trostloser Anblick, ein Zeichen für die starke Landflucht in weiten Teilen Norwegens.

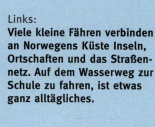

Links:
Viele kleine Fähren verbinden an Norwegens Küste Inseln, Ortschaften und das Straßennetz. Auf dem Wasserweg zur Schule zu fahren, ist etwas ganz alltägliches.

seinen schmucken, weißen Patrizierhäusern, die das Hafenbecken säumen. Bei Sonnenschein würde Risør eine Perle sein, das stimmt – auch wenn es Lyngør niemals das Wasser reichen könnte. Heute ist es für uns nur eine Stadt, in der wir die Vorräte aufstocken. Mit einer kleinen, antik anmutenden Fähre, die eigentlich nur Schulkinder benutzen, um auf die andere Seite des Fjordes, zurück nach Hause, zu kommen, setzen wir unsere Reise fort und kehren der Stadt schnell wieder den Rücken. Zwei Mädchen sitzen uns gegenüber auf dem Schiff und knabbern etwas aus einer Papiertüte. Was bei uns zu Hause Weingummi und Lakritze wäre, sind hier »Reker«, kleine Shrimps. Mit einem gekonnten Griff lösen die Mädels die leckeren Schwänze von ab und wer-

Wir fahren weiter, hinein in einen Wald, rollen jetzt durch die Provinz Telemark. Die Küste liegt hinter uns, das schöne Wetter wohl ebenso. Eine andere Seite Norwegens breitet sich vor unseren Vorderrädern aus. Es beginnt zu regnen, unsere Blicke schweifen nach links und rechts, auf der Suche nach einem Zeltplatz.

Auch in den Wäldern im Süden treiben sich eine Menge Elche herum. Trotzdem ist es gar nicht so einfach, sie auch zu Gesicht zu bekommen.

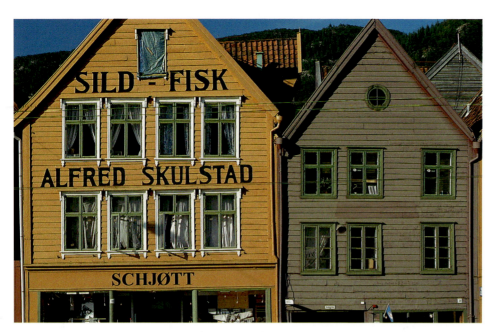

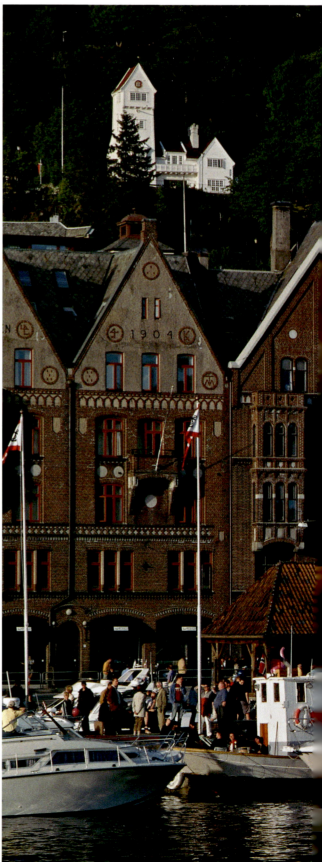

Links oben:
Zwei der rund 300 Jahre alten, bunten Speicherhäuser am Hafen von Bergen – ein Relikt aus der Zeit der Hanse.

Links Mitte:
Süßwaren-Verkäuferin, die beim Drachenboot-Rennen im Hafenbecken von Bergen ihre Ware unter die Leute bringen will.

Links unten:
Das Drachenboot-Rennen im Hafen vor der Kulisse der Bryggen lockt jeden Sommer viele Besucher aus dem Umland nach Bergen.

Unten:
Bergen ist die zweitgrößte Stadt Norwegens und der bedeutendste Hafen der Westküste. Die Schiffe der Hurtigrute beginnen hier ihre Reise gen Norden.

In Skandinavien ist die Farbe der Holzhäuser überwiegend rot und setzt einen hübschen Kontrast zum Grün der Wälder und dem Blau des Wassers, hier des Utnefjords im Hordaland.

Der linke Arm des geteilten Wasserfalls Låtefoss, 15 Kilometer südlich von Odda am Sørfjord gelegen.

Norwegen ist ein Land am Wasser: Bootsschuppen am Bolstadfjord, unweit von Bergen.

Der Vøringfoss am Südrand der Hardangervidda. 182 Meter tief stürzen hier die Wasser der Bjoreia zu Tal.

SPECIAL ABENTEUER

Mit dem Rad durchs Fjordland

Rechts:
Auf den Abfahrten werden zum Teil auch ungewollt hohe Geschwindigkeiten erreicht. Mit einem Helm sind Radfahrer da gut beraten.

Unten von links nach rechts:
Blumen am Straßenrand, immer wieder und immer anders, beweisen, dass Norwegen auch ein liebliches Land sein kann. Einziger Unterschied zu südlicheren Ländern – wenn es in Norwegen zu blühen beginnt, ist der Sommer schon fast da.

Ein wahrer Genuss: Ein weiterer Pass auf dem Weg nach Norden ist geschafft. Mit einer fantastischen Aussicht und ganz ohne treten zu müssen, darf man dem nächsten Fjord entgegenrollen.

Die Abfahrt vom Trollstigen führt an mehreren Wasserfällen entlang, von denen der höchste gut 180 Meter ins Tal fällt.

Von Bergen in Richtung Norden aufzubrechen, um mit dem Rad das Fjordland, Norwegens Markenzeichen, kennen zu lernen, hinaufzufahren nach Åndalsnes oder Ålesund, ist eine gute Idee. Nicht im Auto oder Bus, nicht mit der Bahn und schon gar nicht aus der Luft lässt sich diese Landschaft ermessen. Im Sattel, angetrieben nur von der eigenen Muskelkraft hingegen schon. Ihre Beine werden Indikator sein, für die ungewöhnliche Geografie dieses Landstrichs, der gen Westen, zur Nordsee hin, zerfranst und zerfurcht ist, als hätte eine Kompanie Riesen eben ihre Spaten angesetzt, Gräben ausgehoben und das gewonnene Erdreich zwischen ihnen aufgeschüttet. Fjordland bedeutet viel Wasser, das vom Meer teilweise mehr als 200 Kilometer ins Landesinnere reicht und dazwischen immer wieder kleine und große Bergpässe. An Land warten der bekannte Trollstigen und der Adlerweg bei Geiranger, bekannte Größen im Wasserreich sind der Hardangerfjord, den man unbedingt besuchen sollte, wenn tausende Obstbäume an seinen Ufern blühen, oder der Sognefjord, der längste Fjord des Landes. Der Geiranger, wenn auch im Größenvergleich mit diesen beiden kaum nennenswert, ist der berühmteste Fjord Norwegens. Fast alle Kreuzfahrtschiffe und im Sommer die Linienschiffe der Hurtigrute statten ihm einen Besuch ab, damit seiner Schönheit Tribut gezollt werden kann. Unzählige Wasserfälle stürzen sich von seinen steilen Wänden hinab, unter ihnen die »Sieben Schwestern« an der einen und der »Freier« an der gegenüberliegenden Seite.

Ganz links oben:
Ein Logenplatz fürs Abendbrot, hoch über dem Geirangerfjord.

Links:
Die Anfahrt zum Trollstigen aus südlicher Richtung. Erst sehr spät im Jahr, meist nicht vor Anfang Juni, öffnet die berühmteste Passstraße des Landes.

Ganz links Mitte:
Eine Ziegenherde blockiert den Weg durch ein enges Tal zwischen Skei und Byrkjelo.

Links:
Erste Amtshandlung vor den Toren von Bergen: Brennstoff tanken für das erste Abendbrot auf dem Weg in Richtung Åndalsnes.

Unten links:
Der Adlerweg über dem Geirangerfjord ist die einzige ganzjährig befahrbare Straße in den Ort Geiranger.

Unten Mitte:
Bergetappen kosten Kraft und machen hungrig. Ein paar Powerriegel sollten daher immer dabei sein.

Unten rechts:
Die Speicherhäuser der Tyske Brygge, sind das Wahrzeichen der alten Hansestadt Bergen.

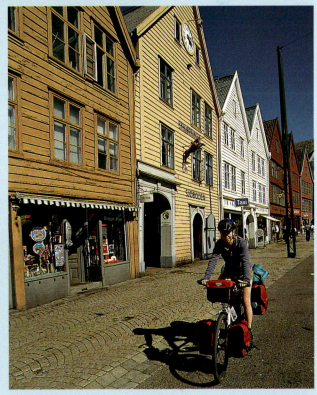

Links:
Eisberge treiben das ganze Jahr über auf dem Ramnabergvatnet in der Hardangervidda. In regelmäßigem Abstand sorgt der kalbende Hardangergletscher für Nachschub.

Unten:
Wenn irgendwann Ende August, Anfang September der erste Frost über die Hardangervidda kommt, beginnt sich die Landschaft mit ihren Moosen, Flechten und niedrigen Sträuchern zu verfärben.

SPECIAL ABENTEUER

Rund um den Hardangerjøkul – Trekking auf der Hardangervidda

Rechts:
Nur an wenigen Stellen bleiben Brücken das ganze Jahr über aufgebaut.

Nach dem Marsch durchs eiskalte Wasser: Schön, wenn der Schmerz nachlässt.

Wir sind spät dran. Zu spät scheinbar. Ignorieren kann ich diese Tatsache nun nicht mehr. Nicht angesichts des gurgelnden Gletscherbaches vor meinen Füßen. Keine Chance. Normalerweise kann man den Bach auf einer Brücke überqueren. Auf einer »Summer Bridge«, wie es auf unserer Wanderkarte zu lesen ist. »Summer Bridge«, dieses Wortpaar, das die letzten Tage drohend über unserem Projekt schwebte, den Hardangerjøkul – den sechstgrößten Gletscher Norwegens, im Nordwesten der Hardangervidda gelegen – zu umrunden. Sommerbrücke. Ende September fällt anscheinend nicht mehr in den Sommer dieser Brücke. Sie ignoriert ganz einfach die Tatsache, dass es keine schönere Zeit gibt, für eine Trekking-Tour über die Vidda.

Neben uns stehen zwei Holzpfähle, am anderen Ufer, zehn Meter entfernt, ihre Gegenspieler. Zwei parallel laufende Drahtseile verbinden das Quartett. An diesen Strängen hängen normalerweise die Planken, die uns trockenen Fußes die Fortsetzung unseres Trails gestattet hätten. Nun liegen sie fein säuberlich aufgestapelt da drüben, dort, wo sie niemand gebrauchen kann. Eigentlich ist ja auch niemand hier. Nur wir zwei, mein Vater Wilfried und ich.

300 Meter zu unserer Rechten thront des Übels Ursache, die Abbruchkante der Rembesdals-Gletscherzunge, die vom Hardangerjøkul fast drei Kilometer herunter ins Tal ragt wie ein einzelner, bedrohlicher Arm einer Krake. Eingefasst von braun schimmernden Geröllhängen strahlt sie uns an, im Licht der tief stehenden Sonne, als sei sie völlig unschuldig. Dabei speist sie den Bach, der kaum mehr als ein Grad Celsius kalt ist und den wir nun furten müssen. Selbst wenn die Sonne scheint – die Lufttemperatur liegt nur wenige Grad über der des Wassers. »Siehst Du«, scheint sich die Brücke in meine Gedanken einzuschalten, »ist eben doch kein Sommer mehr.«

Die Begeisterung, den Bach in Sandalen zu durchqueren, hält sich in Grenzen. Immerhin kracht das Wasser nur 100 Meter unterhalb in Kaskaden zu Tal, um dann über eine gigantische Felsrutsche schäumend in den Rembesdalsvatnet zu stürzen. Mit der Methode einen Stein ins Wasser zu werfen und an dem ertönenden Klang die Tiefe des Baches abzuschätzen, haben wir eine passable Stelle gefunden. Das Wasser reicht kaum an die Knie. Dafür ist der Gletscherbach hier natürlich so breit wie an fast keiner anderen Stelle. Drei Arme, getrennt von schmalen Felsinseln, müssen wir durchwaten. Ich bin froh um je-

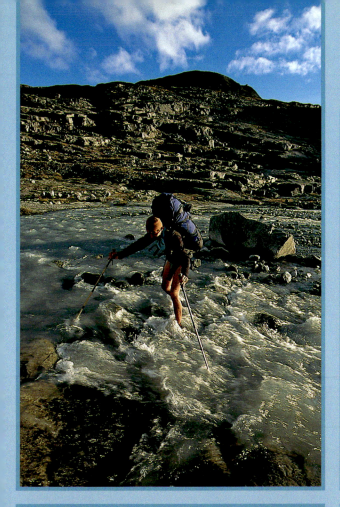

Oben:
Die Hardangervidda ist mit 7500 Quadratkilometern die größte Hochebene Europas und ungefähr so groß, wie alle Nationalparks Deutschlands zusammen.

Links und oben links:
Die Sommerbrücken rund um den Hardangerjøkul werden bereits Ende September abgebaut. Wer später kommt, muss die eiskalten Gletscherbäche furten.

Links:
Moose und Flechten machen aus einem einfachen Felsen fast ein Kunstwerk.

Ganz links:
In alle Himmelsrichtungen schickt der Hardangerjøkul Gletscherzungen in die Täler. Besonders imposant und nah am Trail sind sie im Osten des großen Plateaugletschers.

53

Der Winter kommt mit langen Schritten

Noch am Morgen hatte es wirklich nach einem frühen Beginn des Winters ausgesehen, das muss ich zugeben. Und das wäre für die größte Hochebene Europas durchaus nicht ungewöhnlich gewesen. In Sturm und Regen mussten wir am Vorabend das Zelt aufbauen, über Nacht hatte es angefangen zu schneien. Und weder Wilfried noch ich hatten morgens einen großen Drang verspürt, das Lager abzubrechen. Doch dann ging alles ganz schnell: Die Sonne brannte ein Loch in die Wolken, brachte die Ränder dieser Öffnung zum Glühen und legte ihre Strahlen über uns und eine Landschaft, die nach einer partiellen Verzierung durch Puderschnee aussah, wie ein Flickenteppich. Denn das Land rundum war nicht etwa gleichmäßig weiß bedeckt. Nur hier, da und dort leuchteten weiße Flecken aus der bunten Tundra hervor, die in den letzten Tagen des Indian Summer alle Trümpfe ausspielte: mal rostig rot und sonnengelb, mal bräunlich zurückhaltend, mal kitschig und schrill orange. In Bodenrinnen und hinter Steinbrocken hatten sich Schneeverwehungen gebildet, einzelne Kuppen, die in der Umgebung aufragten, waren beschneit worden. Das grelle Weiß ein harter Kontrast zur bunten Pflanzenwelt. Nur die Kondenswolken des Atems vor meinem Gesicht schwächten die

Große Felsbrocken liegen wie das Spielzeug eines Riesen überall in der Landschaft herum, hier oberhalb des Gletschersees Ramnabergvatnet.

Unten:
Der Winter kommt, jeden Tag ein wenig mehr. An schattigen Plätzen verschwindet das Eis nicht mehr, das sich über Pfützen und am Rande kleiner Bäche über Nacht gebildet hat.

Unten rechts:
Die Hardangervidda ist von unzähligen Seen jeder Größe und vielen Bächen und Flüssen bedeckt. Das oft feuchte Gelände ist eine ideale Brutstätte für Moskitos, die Wanderer im Sommer leicht in den Wahnsinn treiben können.

de einzelne Insel, jede Pause die ich machen kann. Es ist schön, wenn der Schmerz nachlässt. Ein Schmerz wie von tausend feinen, glühenden Stecknadeln, die im Wasser lauern und zustechen, jeden Fleck Haut erreichen, der nicht geschützt ist.

Fast schon küsst die Sonne die Hänge im Südwesten, beginnt sich hinter ihnen weg zu ducken, als wir die Hosen wieder anziehen und die Stiefel schnüren. In einer halben Stunde dürfte es dunkel sein. Hier auf dem Fels, den einst der Gletscher blank gehobelt hat, lässt sich das Zelt schwer aufbauen, erst recht nicht auf den nächsten zwei Kilometern, auf denen der Trail an einem steilen Hang oberhalb des Rembesdalsvatnet verläuft. Wir müssen also weiter. Ein zusätzlicher Antrieb ist die Aussicht auf eine Übernachtung in der DNT-Hütte am Nordwest-Ende des Sees. Wenn nicht auch dort schon der Winter eingebrochen ist ...

Leuchtkraft etwas ab. Die Hütte ist offen. Wer hätte das gedacht. Auf Socken treten wir in die gute Stube. Schnell wird es drinnen gemütlich, ein gusseiserner Ofen spendet Wärme, wir speisen bei Kerzenlicht an einem großen Tisch. Matratzen – eine Belohnung für diesen langen Tag mit all seinen Überraschungen. Am nächsten Morgen sieht es wieder nach Winter aus. Zwar scheint die Sonne von einem makellos blauen Himmel, doch das Thermometer an der Hütte zeigt gerade einmal zwei Grad Celsius an. Dazu pfeift ein eisiger Wind über die Vidda, der Boden ist überfroren, knirscht und knistert bei jedem Schritt.

Ein langer Anstieg beginnt gleich hinter der Hütte, führt uns über steile Pfade, anfangs durch Grasland, später über eine felsige Schräge bergan. Kleine Rinnsale sind von einer feinen Eisschicht überfroren, unter der noch Bewegung ist. Luftblasen wandern schemenhaft, von der dünnen Kruste verdeckt zu Tal. An Stellen, die die Sonne noch nicht erreicht hat, hängen Eiszapfen am Fels, Schmelzwassertümpel beginnen von den Rändern her zuzufrieren. Zeichen der Natur, die uns zu verstehen gibt, dass wir uns bald aus dem Staub machen sollten. Der Winter kommt. Mit immer größeren Schritten. Selbst die allgegenwärtigen Schneehühner scheinen heute zu sehr zu frieren, als dass sie bei unserem Erscheinen schnell das Weite suchen würden.

An der Bar eines Riesen

Die nächste Sommerbrücke. Abgebaut. Das Problem auf die andere Seite zu gelangen besteht diesmal nicht aus einer reißenden Strömung, sondern aus der Breite der Furt, die uns geeignet erscheint. Etwa 30 Meter müssen wir durchhalten mit nur wenigen Möglichkeiten auf trockenen Steinen zu pausieren. Die gefühlte Temperatur dürfte im Wind einige Grad unter Null liegen.

Am Abend werden wir wiederum für unsere Taten belohnt: Wir erreichen den Ramnabergvatnet, einen blaugrün schimmernden Gletschersee, auf dem unzählige Eisberge treiben. Eine weitere Gletscherzunge des Hardangerjøkul hat sie ins Wasser gespuckt. Der Sturm hat fast alle Eisberge ans Südufer des Sees getrieben, die größten von ihnen sind auf Grund gelaufen und werden dort nun für lange Zeit festliegen. In einer Mulde oberhalb des Sees,

Die Hütten des DNT, des Norwegischen Wandervereins, bieten Trekkern in fast allen Nationalparks und Wildnisgebieten des Landes Unterschlupf und ein Bett für die Nacht.

Unten links und rechts: **Ein Zeltplatz östlich des Hardangerjøkul. Der klare See mit seinem schwarzen Sandstrand und mehrere hundert Meter hohe Felswände ringsum bilden eine abenteuerliche Szenerie.**

Eine Zeltlaterne gibt an den kurzen Tagen im Herbst nicht nur Licht beim Abendessen oder Lesen im Schlafsack, sondern spendet auch ein wenig Wärme.

Unten:
Camp an einem Schmelzwassertümpel nur wenige Kilometer südlich von Finse.

Unten rechts:
Im Westen des 1862 Meter hohen Hardangerjøkul haben sich Altschneefelder das ganze Jahr über behaupten können und werden im Herbst wieder von Neuschnee bedeckt.

an einem seichten Tümpel, schlagen wir das letzte Lager der Tour auf. Inmitten einer unwirklichen Landschaft, einer Szenerie, die auf einem fernen, kargen Planeten ganz ähnlich sein könnte: Rundum schwarzer Fels und Geröll, fast wie Lava, nur noch wenige Pflanzen können sich hier behaupten. Im Osten thront der Hardangerjøkul, im Südwesten erahnen wir die Abbruchkante der Vidda, hinunter zum Simadals- und Hardangerfjord. Felsblöcke liegen locker verstreut herum, wie die Barhocker eines Riesen. Die Eiswürfel für seine Drinks schwimmen auf dem See.

Nur die arktischen Bedingungen treiben uns noch vor Sonnenuntergang ins Zelt. Mein letzter Blick fällt auf eine Wolke im Südosten, blassgelb mit einem Hauch rosé und nur schemenhaft am hellen Himmel zu erkennen. Kein gutes Zeichen. Über Nacht wird der Sturm immer heftiger, rüttelt am Zelt wie die Hand des Riesen persönlich, die an unseren Abspannleinen zupft, wie an einer Harfe. Die Zeltlaterne baumelt unruhig herum, als befänden wir uns auf einem Schiff inmitten eines Hurrikans. Selbst als wir sie löschen und nur noch das metallische Klappern und Quietschen durch die Dunkelheit dringt, ist es schwer, Schlaf zu finden. Unruhig wälze ich mich von einer auf die andere Seite, schrecke auf, wenn eine besonders heftige Böe das Zelt schüttelt. Als wir noch vor Sonnenaufgang aufwachen, ist das Wetter um keinen Deut besser. Eher im Gegenteil:

Eisregen hat eingesetzt. Gut zwölf Kilometer sind es noch zurück bis Finse, dem Endpunkt, dem Bahnhof, an dem wir vor sieben Tagen losgelaufen sind. Wir wollen es unbedingt schaffen heute, wollen runter von der Hardangervidda, die uns immer deutlicher zu verstehen gibt, dass es endlich Zeit wird zu verschwinden. Der Winter kommt. Vielleicht schon heute.

Im Auge des Sturms

Kein Tag der Wanderung ist so hart wie dieser letzte. Wir können uns gegen den Wind lehnen, haben die Kapuzen tief ins Gesicht und den Kragen hochgezogen. Der

Regen prasselt auf uns nieder, auf der dem Wind zugewandten Seite hat sich schon nach wenigen Kilometern ein Eispanzer über den Stoff gelegt. Wir laufen durch die Wolken, teilweise sehen und finden wir nur schwer die nächste Wegmarkierung. Mitunter sind sie von Schnee begraben, liegen unter mächtigen Altschneefeldern der letzten Saison. Diese überqueren wir nur ungern und sehr vorsichtig: Mit Unterhöhlungen durch Bäche ist immer zu rechnen.

Doch auch heute, wo sich das Wetter durchweg von seiner schlechtesten Seite zeigt, gibt es wunderschöne Dinge zu entdecken. Dinge, die die Natur nur unter diesen Bedingungen erschafft. Grasbüschel zum Beispiel, jeder Halm ist mit einem eigenen Eispanzer überzogen; starr trotzen sie dem Wind. Gespenstisch tauchen Schneefelder und Schmelzwassertümpel aus den Wolken, aus Dunst und Nebel auf und verschwinden wieder. Wir verlieren den Weg, müssen zurück zur letzten Markierung, suchen erneut, überqueren ein Schneefeld, dann einen wilden Bach, umgehen eine unpassierbare Felswand, finden den Trail auf Umwegen wieder. Nur gehen, gehen, gehen. Bleibt man stehen, kühlt man schon nach einer halben Minute aus. Alles ist nass, vor allem die Stiefel und Handschuhe.

Es beginnt zu schneien. Natürlich. So schnell und viel, dass nach einer Stunde schon fünf Zentimeter liegen. Uns bleibt nichts erspart. Auch nicht zwei weitere Furten. Denn die letzte Sommerbrücke, kurz vor Finse, ist abgebaut. Doch wir haben Glück im Unglück, müssen uns nicht entkleiden bei dem Wetter. Über einen Pfad aus einzelnen Steinen erreichen wir das andere Ufer. Dann sind es nur noch wenige Kilometer auf einem guten Weg bis zum Bahnhof. Wir sind durchnässt und frieren, die Rucksäcke wiegen mehr als sonst, eine Blase hat sich in meinem nassen Schuh gebildet. Dann, ganz plötzlich, ist das alles egal: Wir sind da, treten in den warmen, trockenen Wartesaal des mit 1222 Metern höchst gelegenen Bahnhofs Norwegens. Jetzt kann der Winter kommen.

Am letzten Tag der Wanderung beuteln uns Eisregen, Sturm und letztendlich starker Schneefall.

Unten links:
Als wir wieder am Bahnhof von Finse, dem Ausgangspunkt der Tour, eintreffen, ist die Landschaft winterlich weiß verhüllt.

Unten:
Sanft geschwungen und hügelig mit nur wenigen herausragenden Gipfeln ist die Vidda. Man bewegt sich fast durchweg auf Höhen zwischen 1000 und 1600 Metern. Schnee kann auch im Sommer ganz plötzlich fallen.

Die verschneite Straße von Eidfjord nach Geilo, dem nach Lillehammer bekanntesten Wintersportort Norwegens.

Eine Scheune in Ulvik, am Ende des Ulviksfjords gelegen, der ein Zipfel des großen Hardangerfjords ist.

Ein Schuppen im verschneiten Sysendalen in der Nähe des Wasserfalls Vøringfoss auf der Hardangervidda.

Die Dyranut Turisthytta ist ein beliebter Ausgangspunkt für Langlauftouren auf der Hardangervidda. Sie liegt an der Straße Nr. 7.

Unterwegs in der Gebirgsregion Trollheimen, die zwar kein Nationalpark ist, trotzdem aber durchzogen von vielen Trails, auf denen man leicht mehrere Tage unterwegs sein kann. Es gibt einige Wanderhütten, wildes Zelten ist ebenfalls möglich. Die höchsten Gipfel sind hier der Trollhetta mit 1614 Metern und der Snota mit 1668 Metern.

Rechts und rechte Seite:
Wie ein überdimensionierter Würfel klebt der Prekestolen 600 Meter über dem Lysefjord an einer senkrechten Felswand. Tagsüber von hunderten von Menschen besucht, wird es abends still. Die Nacht dort oben zu verbringen ist ein ganz besonderes Erlebnis.

Während die Felskanzel noch von der Sonne beschienen wird, haben sich schon kurz nach Sonnenaufgang Wolken in den tiefen Graben des Lysefjords gelegt.

Rund 40 Kilometer lang ist der Lysefjord im Südwesten des Landes. Aus dem nahe gelegenen Stavanger kann man den Fjord täglich mit einer kleinen Fähre erkunden. Im Kajak ist man unabhängiger und kann an den schönsten Stellen verweilen.

Links und ganz links:
Es gibt nur wenige Stellen im Lysefjord, an denen das Ufer ein Anlanden zulässt. Meist steigen die Felswände vom Wasser unmittelbar senkrecht in den Himmel, stellenweise bis zu 1000 Meter hoch.

Ganz links:
In Forsand, an der Mündung des Lysefjords bauen wir die Faltboote auf und beginnen wenig später die Tour in Richtung Lysebotn.

Links:
Die steilen Felswände lassen es mancherorts erst spät am Morgen – wenn die Sonne hoch genug steht – zu, dass ihre Strahlen das Wasser des Fjords treffen.

Ganz links:
Ankunft an der letzten Zeltmöglichkeit vor Lysebotn, unmittelbar unterhalb des großen Kjerag Plateaus. Ein traumhafter Ort für die letzte Nacht.

Links:
Ein Wetterumschwung kann eine entspannte Tour schnell in ein ungemütliches Unterfangen verwandeln. Solange der Wind aber von hinten kommt und die Wellen nicht allzu groß werden, macht alles noch Spaß.

65

Rechts:
Basejumper, Fallschirmspringer, die ganz ohne Flugzeug auskommen, stürzen sich an manchen Tagen vom Kjerag Plateau in die Tiefe.

Rechte Seite:
Wer keinen Fallschirm dabei hat, begnügt sich mit einem Blick auf den einen Kilometer tiefer gelegenen Fjord – und die Fährschiffe, die plötzlich winzig klein sind.

Der Abbruchkante des Kjerag Plateaus lässig entgegenzugehen, ist für viele nicht einfach. Sich beim ersten Mal vorsichtig heranzutasten, ist da schon angenehmer.

Ein namenloser See auf der weiten Hochebene oberhalb des Lysefjords in der Provinz Rogaland.

Rund drei Stunden wandert man vom »Øygardstøl«, einem Aussichtsrestaurant oberhalb von Lysebotn, zum Kjerag Plateau. Der Weg dorthin ist schon für sich ein landschaftliches Highlight, die Aussicht auf den Fjord später das Sahnehäubchen.

Bei schlechtem Wetter machen sich nur wenige Wanderer auf den Weg zum Kjerag Plateau, denn der Pfad ist teilweise sehr steil und führt über bei Nässe gefährlich glatte Felsplatten. Doch auch bei Nebel und Regen ist die Wanderung über die von Steinen und Felsbrocken aller Größe übersäte Hochebene ein Erlebnis. Am Ziel angekommen, kann man es sich dann im Zelt gemütlich machen und auf besseres Wetter warten.

70

Stallungen für Schafe am Hang der Dalsnibba auf dem Weg nach Geiranger.

Wasserfall im Ort Hellesylt am Sunnylvsfjord. Norwegen bindet mit seinen vielen Gebirgsbächen, Wasserfällen und Flüssen rund 25 Prozent des Wasserkraftpotentials Europas.

Rechte Seite:
Blick auf den Geiranger, den bekanntesten Fjord Norwegens. Viele Kreuzfahrtschiffe besuchen den Fjord und auch die Hurtigrute tut ihren Passagieren einen Gefallen und macht im Sommer einen Abstecher von ihrer eigentlichen Route hierher.

Unten:
Der legendäre Trollstigen. In elf Serpentinen schlängelt sich die Straße in der Nähe von Åndalsnes mit maximal elf Prozent Steigung den Berghang hoch.

Rechts:
Wer mit dem Rad von Süden, aus Richtung Geiranger, kommt, hat einen zwar über 30 Kilometer langen, aber nur wenig steilen Anstieg zur Trollstigen-Passhöhe auf 850 Metern über Normalnull vor sich. Die Abfahrt ist im Vergleich dazu kurz, entlohnt aber trotzdem für alle Strapazen.

75

Unten und rechts:
Norwegen hat viele schöne Städte, alle sind einen Besuch wert. Die Stadt Ålesund glänzt vor allem durch ihre Lage auf mehreren Inseln und viele Gebäude aus der Jugendstilzeit, die nach einem großen Brand 1904 errichtet wurden.

Oben:
Die Speicherhäuser in Trondheim, der historischen Hauptstadt Norwegens, sind auf Pfählen am Fluss Nidelv errichtet worden.

Großes Bild:
Der Besseggen-Grat im Jotunheimen Nationalpark. Nur durch ein schmales Felsband ist der Gjende-See links vom 400 Meter höher gelegenen Bessvatnet rechts getrennt.

Kleine Bilder:
Jotunheimen heißt übersetzt soviel wie »Reich der Riesen«. Doch nicht nur mit seinen großen Gipfeln, auch im Detail, mit Moosen und Flechten, im Herbst rot verfärbtem Blaubeerkraut oder Blümchen wie dem Gletscher-Hahnenfuß, der hier bis auf einer Höhe von 2370 Metern wächst, vermag der Nationalpark zu begeistern.

SPECIAL ABENTEUER

JOTUNHEIMEN
– REICH DER RIESEN

Unten:
Sein Zelt direkt auf dem Besseggen-Grat aufzuschlagen, und die Nacht dort allein, wie auf einem gigantischen Balkon über dem langgestreckten Gjende-See zu verbringen, zählt zu den Höhepunkten einer Wanderung im Jotunheimen Nationalpark.

Der Jotunheimen Nationalpark ist eines der wildesten Gebiete Norwegens: Mehr als 40 Gipfel über 2000 Meter, davon die 27 höchsten Berge des Landes, wachsen dicht gedrängt in den Himmel. Wer hier im Herbst wandert, hat den Park fast für sich allein. Der berühmte Besseggen-Grat, über den im Sommer tausende von Menschen gehen, klettern und steigen, liegt verlassen da, gehört nur uns. Wir können unser Zelt direkt auf dem schmalen Felsband aufschlagen, das den Bessvatnet auf der einen Seite daran hindert, sich in den 400 Meter tiefer gelegenen Gjende-See auf der anderen Seite zu ergießen. Die Wege liegen verlassen da, auch von den Rentieren, die das Gebiet im Sommer durchstreifen, zeugen am Ufer des Russvatnet nur noch Spuren. Es ist zwar kälter,

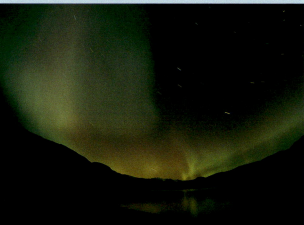

Rechts, von oben nach unten:
Pause am Ufer des Russvatnet vor dem Russfjell im Jotunheimen Nationalpark.

Dramatische Farbspiele am Himmel: Nordlichter über dem Russvatnet im Jotunheimen Nationalpark.

Rentierherden ziehen durch den Jotunheimen Nationalpark. Im Herbst stoßen die Tiere ihre Geweihe ab.

es regnet, Wind pfeift, mitunter Sturm, die Schneegrenze sinkt an den Berggipfeln jeden Tag ein wenig tiefer, doch das Erlebnis der Natur wird dadurch noch intensiver. Es gibt unzählige Pfade, die sich durch den Park ziehen, in alle Himmelsrichtungen könnte man laufen und so lange man möchte – eine, zwei oder drei Wochen. Voraussetzungen sind allein, dass der Proviant reicht und der Winter noch ein wenig mit seinem Einzug wartet.

Der Abstieg vom Veslefjell zum Besseggen-Grat ist steil und ausgesetzt. Ein Pfad, der in den Alpen als Klettersteig durchgehen würde, wird hier Jahr für Jahr von Tausenden von (ungesicherten) Touristen begangen.

Ganz links:
Dank des Jedermannsrechts darf man in Norwegen fast überall sein Lager aufschlagen. Im Herbst auch direkt auf dem Veslefjell, das im Sommer von vielen Tageswanderern auf dem Weg vom und zum Besseggen-Grat frequentiert wird.

Links:
Der Russvatnet erstreckt sich im Osten des Jotunheimen Nationalparks. An seinem Ufer befinden sich viele schöne Plätze, an denen man das Zelt aufschlagen kann.

LInks:
Es gibt zwar eine ganze Reihe von gut markierten Trails im Jotunheimen, doch wer das Abenteuer sucht und seine Wanderung etwas aufregender gestalten möchte, kann sich mit einer guten Karte und vielleicht einem GPS-Gerät auch querfeldein durchs Gelände bewegen.

Ganz links oben und unten:
Die kulinarischen Höhepunkte der Tour beschränken sich auf Fladenbrot mit Tomatenmark und Käse zur Mittagszeit und Pasta in vielerlei Variationen am Abend. Als Nachtisch steht Schokolade zu jeder Tageszeit hoch im Kurs.

Links:
Viele Wege im Nationalpark sind feucht und matschig. Die Wanderschuhe gut mit Fett eingerieben zu haben, ist da viel wert.

81

Rechts:
Eisenbrücke bei und Olympiahalle in Hamar. Bei der Winterolympiade 1994 wurden hier unter anderem die Eishockeypartien und Eislauf-Wettbewerbe durchgeführt. Das Dach der Halle, das dem Rumpf eines Wikingerschiffes nachempfunden wurde, ist die größte freischwebende Konstruktion der Welt.

Unten:
Die weihnachtlich geschmückte Fußgängerzone von Lillehammer, der Olympiastadt von 1994.

Der Hof Kronborgseter liegt östlich des Mjøsa-Sees.

Dort erstreckt sich weit fruchtbares Farmland mit vielen großen und kleinen Höfen.

Winteridylle auf einem Bauernhof östlich des Mjøsa-Sees in der Provinz Oppland.

Seite 84/85:
Vollmond über dem Mjøsa-See, dem größten See Norwegens. Er ist rund 100 Kilometer lang und bis zu 15 Kilometer breit. An seinem Ufer liegen unter anderem die Städte Hamar und Lillehammer.

Skulptur aus Schnee und Fels im Dovrefjell. Durch das Gebirge führte schon zu Zeiten der Wikinger ein Pilgerpfad nach Nidaros, dem heutigen Trondheim.

Interessant ist der Wechsel der Vegetation von einem geschlossenen Nadelwald über lichten Birkenbestand, bis sich das absolut karge Fjell ausbreitet.

Im Winter weiß und karg, ist das Dovrefjell die Heimat vieler endemischer Pflanzenarten, wilder Rentiere und der einzigen Moschusochsenherde Norwegens.

Wer die Einsamkeit liebt, kann im Winter mit Skiern oder Schneeschuhen schöne Touren durch den Nationalpark machen.

SPECIAL ABENTEUER

White Out im Moschusland – Schneeschuhtour durchs Dovrefjell

Rechts:
Ein langer Anstieg führt von der DNT-Hütte Reinheim hoch zum Leirpullskaret, einer Bergscharte, die den Übergang ins nächste Tal ermöglicht.

»Da oben wird es ziemlich hart«, warnt uns der Nationalpark-Ranger noch, bevor er auf seinen Motorschlitten klettert und knatternd davon saust. Gerade hat er einen Teil der Winterroute durch den Dovrefjell Nationalpark gespurt und mit Markierungen versehen. Kleinen, biegsamen Bambusstangen, die zwar einerseits das Bild von wilder, ungezähmter Natur und absoluter Einsamkeit etwas trüben, uns andererseits aber schon nach einer halben Stunde sehr nützlich werden.

Wir trinken den letzten Schluck Tee aus der Thermosflasche, teilen uns den Rest der ersten Tafel Schokolade der Tour und machen uns für den Aufstieg über die Fjellkuppe bereit, an deren Fuße wir unsere Mittagspause verbracht haben. Schon im Stehen merkt man den Unterschied in der Windstärke zum Sitzen. Ich bin gespannt, was uns oben erwartet. Wir schnallen die Schneeschuhe an, Boris legt sich das Zuggeschirr der Pulka über, ich schultere den Rucksack, es geht los. Meter um Meter steigen wir dem weißen Himmel entgegen, der mit den Konturen der Bergkuppe längst verschmolzen ist. Meter um Meter wird der Wind stärker. Er treibt Fahnen feinster Eiskristalle übers Fjell, Geschossen, denen man nicht entgehen kann.

Die Moschusochsen, die im Dovrefjell heimisch sind – vor dem Zweiten Weltkrieg wurden sie aus Ostgrönland eingeführt, nachdem die letzte Eiszeit sie einst für immer von hier vertrieben hatte – haben mit ihrem zotteligen, dichten Fell kein Problem, sich diesen Naturgewalten zu stellen. Bei uns ist das etwas anderes. Die Kapuze ist tief in die Stirn gezogen, der Kragen steht bis knapp unter die Nase, eine Sonnenbrille schützt die Augen. Wie Nadeln bohren sich die aufgewirbelten Eiskristalle in die letzten ungeschützten Hautpartien im Gesicht, Böen versuchen uns umzuwerfen. Ich drehe mich zu Boris um, um zu sehen, ob er noch hinter mir ist – weiße Schleier jagen über den Boden, verwischen seine Beine immer wieder bis auf Kniehöhe, die Pulka scheint dann hinter ihm zu schweben.

Die erste Nacht

Selten frei und stark fühle ich mich am höchsten Punkt des Fjellrückens, dort, wo es am stärksten bläst. Im Geheul des Sturmes können wir uns nur noch schreiend verständigen, der Wind reißt den Schall davon, sobald er den Mund verlässt, so, wie er manchmal die Luft zum Atmen förmlich wegsaugt. Doch es ist fantastisch hier oben, ich fühle mich so lebendig, wie lange nicht mehr. In der Zivilisation gibt es immer Unterstützung, selbst bei einem kurzen Regenschauer kann man sich meist

serer kleinen Stoffhütte gemütlich machen können. Viel Platz haben wir allerdings nicht auf 1,20 mal 2 Metern. Wenn Boris sich dreht, muss ich aufpassen, dass er nicht an die heiße Zeltlaterne stößt, die ein gemütliches Licht wirft und ein wenig Wärme abstrahlt. Anders herum geht's genauso. Ein kleines Brandloch ziert meine Daunenjacke bereits. Nur in entgegengesetzter Richtung können wir beide relativ entspannt sitzen, nebeneinander wird es

Links:
Schneehühner tarnen sich im Winter durch ein weißes Federkleid. Im Sommer fallen sie durch eine bräunlich gescheckte Färbung in der Landschaft ebenfalls kaum auf.

Unten:
Eine Pulka ist nicht nur zum Ziehen gut: An abschüssigen Hängen ersetzt sie ganz wunderbar einen Schlitten.

irgendwo unterstellen, um nicht nass zu werden, hier sind wir allein und auf uns gestellt in einer eisigen, feindlichen aber doch atemberaubend schönen Welt.

Spät am Nachmittag bauen wir unser Zelt an einer relativ windgeschützten Stelle im Tal auf, in einer kleinen, natürlichen Kuhle, die wir mit der Schaufel weiter vertiefen und durch einen Wall zusätzlich schützen. Die Schneeschuhe und Stöcke halten als Anker zum Abspannen her, kein Wind der Welt dürfte uns heute Nacht gefährlich werden. Erschöpft vom ersten Tag, vom ungewohnten Marsch mit der rund 60 Kilogramm schweren Pulka und dem Rucksack, gebeutelt vom Sturm und Schneetreiben, sind wir froh, als wir es uns endlich in un-

zu eng. Trotzdem: Wir fühlen uns wohl, uns ist warm, der Wind kann uns nichts mehr anhaben, wird von wenigen Millimetern Stoff in Schach gehalten und, als es endlich etwas zu essen gibt, ist der Moment nahezu perfekt.

Ganz links:
Ein Ranger fährt von Zeit zu Zeit mit einem Snowmobile den Wintertrail im Nationalpark ab und schaut nach dem Rechten.

Links:
Eine Nacht in einer Höhle, halb geschützt vom überhängenden Fels, halb von einem ringsum errichteten Schneewall, krönt unsere Tour, auf der wir ansonsten in Hütten und im Zelt übernachtet haben.

Der nächste Morgen, die Sonne scheint, es ist windstill. Für ein paar Stunden sieht die Welt ganz anders aus, viel freundlicher und nicht so konturlos, wie noch am Nachmittag zuvor. Schneerippen werfen Schatten, ganze Hänge funkeln. Doch schon bald hat das Schönwetter-Intermezzo ein Ende. Es stürmt und schneit zwar nicht, doch mächtige Wolken verdrängen bis zum Mittag das letzte Blau über uns: Es wird schattig und grau, es ist, als würde sich im Himmel das verschneite Dovrefjell widerspiegeln.

Eine eisige Rutschpartie

Als wir spät am Abend in den gemütlichen Kojen der Wanderhütte von Reinheim die Augen schließen, hängen die Wolken noch immer am Himmel, dicht gedrängt. Allein die Auskunft von Per Willy, einem Norweger, der ebenfalls in Reinheim übernachtet, macht Mut: Am nächsten Tag soll das Wetter gut werden, das verkündet immerhin der Wetterbericht. Als Boris mich um sechs Uhr weckt, ist tatsächlich alles anders. Nicht eine Wolke ist mehr zu sehen, die ersten Sonnenstrahlen legen den Himmel im Osten in zarte Pastelltöne: Rot, Orange, Lila, alles dazwischen, Farben, die keinen Namen haben, die man nicht beschreiben kann, nur sehen und fühlen. Der Schnee auf der Snøhetta, dem mit 2286 Metern höchsten Berg im Nationalpark, dessen vergletscherter Gipfel direkt über Reinheim emporragt, leuchtet zartrosa.

Ein langer Anstieg zum Leirpullskaret, einer Scharte, die uns den Übergang ins nächste Tal ermöglicht, beginnt direkt hinter der Hütte. Schnaufend und schwitzend kämpfen wir uns bergan, können bald die dicken Fleecejacken ausziehen, so warm wird es unter den Strahlen der Märzsonne. Eine ganze Weile kommen wir gut voran, ist die Steigung moderat und es bleibt Muße, die Augen über die sanft geschwungenen Grate des Snøhetta links oberhalb des Weges wandern zu lassen und von Zeit zu Zeit den Blick zurück ins Tal von Reinheim zu richten. Die Talwände links und rechts nähern sich immer weiter, auch vor uns steigt eine Wand in die Höhe. Der Weg aus diesem Kessel muss hart sein, eine andere Möglichkeit gibt es nicht.

Und es kommt tatsächlich nicht anders. Steil, sehr steil, so steil, dass die Markierungsstangen nicht vom Snowmobile aus, sondern zu Fuß gesteckt werden mussten, führt der Trail am Talende rechts am Hang hinauf zum Pass. Während Boris im Geschirr der Pulka steckt und zieht, habe ich meine Stöcke hinten in den Riemen eingehakt und schiebe. Nur so gelingt es uns, höher und höher zu kommen. Kann einer nicht weiter und muss eine Verschnaufpause einlegen, gilt es aufzupassen, dass wir nicht zurückrutschen.

Auf der Passhöhe stürmt es, fast wie am ersten Tag, mit dem Unterschied, dass die Sonne dazu lacht. Weit, weit zurück reicht der Blick, nach Reinheim und weiter, bis an die Stelle, an der wir gestern Mittag Rast gemacht haben und das Tal leicht nach Süden abknickt.

Doch es ist kalt hier oben im Wind und wir wollen schnell absteigen ins nächste Tal. Ein wenig zu schnell vielleicht, so dass wir unvorsichtig werden. Auf eisigem Untergrund bricht die Pulka nach rechts unten aus, zieht Boris den Boden unter den Füßen weg und kurze Zeit später mir, der ich versuche, die beiden zu halten, und so rutschen wir zu dritt auf dem hart gefrorenen steilen Hang nach unten. Was an anderer Stelle hätte böse ausgehen können, bringt hier, wo die Bahn frei ist, regelrecht Spaß. Die unfreiwillige Abfahrt bringt uns auf eine Idee, die ich gleich am nächsten Morgen verwirklichen kann.

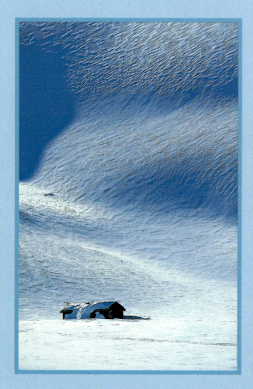

Eine Schäferhütte wirkt vor dem Schneehang winzig. Im Winter wird sie nicht genutzt.

Auf Wintertouren muss eine Schneeschaufel dabei sein: Aus Sicherheitsgründen, um sich im Notfall eine Schneehöhle bauen zu können, und um die Lagerplätze einzuebnen, bevor das Zelt aufgebaut wird.

Ein Heim in der großen weiten Schneewüste: Zeltaufbau im Dovrefjell.

Einer der schönsten Lagerplätze der Tour auf der »Rückseite« des Snøhetta-Massivs oberhalb des Åmotsdalen.

Im Schein der Stirnlampe wird eine große Portion Pasta zubereitet. Etwas Besseres gibt es kaum, wenn man den ganzen Tag an der frischen Luft aktiv war.

Viel Platz hat man nicht in einem kleinen Zelt, zumal, wenn im Winter die voluminösen Schlafsäcke ausgebreitet werden.

Klein, aber gemütlich. Das beleuchtete Zelt setzt einen Farbpunkt in den Schnee. Wer eine Gaslaterne dabei hat, braucht die winterliche Dunkelheit nicht zu fürchten.

91

Rechts:
Die DNT-Hütten im Dovrefjell sind urgemütlich. Die Dindalshytta ist fast einhundert Jahre alt und ein wahres Schmuckstück.

Ganz rechts:
Im Vergleich zum Zelt der wahre Luxus: der großzügige Aufenthaltsraum einer DNT-Hütte mit Proviantregal.

Wir haben auf einem kleinen Plateau auf der Rückseite der Snøhetta gezeltet, ein wenig abseits der Route, auf einem Logenplatz mit einem traumhaften Bergpanorama. Um zurück zum Trail zu kommen, müssen wir rund 150 Höhenmeter absteigen. Über einen weiten, steilen und absolut hindernisfreien Hang. Einem Hang mit einem perfekten Auslauf für eine Abfahrt mit der Pulka. Während Boris in Position zum Fotografieren geht, schnalle ich die Schneeschuhe ab, verankere sie samt Stöcken auf dem Deck der Pulka, und setze mich dazu. Auf sein Kommando hebe ich die Füße und beginne meinen wilden Ritt. Schnell, immer schneller rase ich zu Tal, schwebe über den Tiefschnee, will dann nur leicht die Richtung korrigieren, komme ins Schlingern und überschlage mich. Schnee hängt überall, selbst unter der Sonnenbrille, doch weder mir noch der Pulka ist etwas passiert. Sie liegt 20 Meter unterhalb auf dem Rücken, ist aber bereit für den Rest der Abfahrt.

In diesem Stil ist man weitaus eleganter unterwegs als die vereinzelten Skilangläufer, die den Park durchqueren und uns angesichts unserer Schneeschuhe immer wieder belächeln und ungläubig fragen: »You came all the way with those? Where are your skies? You are crazy.« Kein Norweger, der uns entgegenkommt oder überholt, der nicht die gleiche Frage stellt. Wir treffen wirklich nicht viele auf unserer Runde, aber es nervt. Ziemlich. »Der nächste wird eingeseift. Noch bevor er überhaupt fragen kann«, das schwören wir uns jedesmal. Das Dumme ist nur: Sie haben ja Recht – per Langlaufski wäre man hier wirklich viel einfacher und schneller unterwegs. Nur die Abfahrten, die sind mit den schmalen Latten einfach ein peinliches Fiasko. Wir amüsieren uns köstlich über die Leute, die sich die Hänge auf Langlaufskiern hinunter zittern, die wir zuvor stilvoll und gemütlich sitzend bewältigt haben. Gegen Ende der Tour haben wir unsere Methode derart perfektioniert, dass wir auch zu zweit abfahren können.

»Schöner Wohnen« im Dovrefjell

Mit 256 Quadratkilometern ist der Dovrefjell Nationalpark zum Zeitpunkt unserer Wanderung im März 2002 einer der kleineren Parks des Landes. (Im Sommer des gleichen Jahres wurde sein Gebiet auf 1693 Quadratkilometer erweitert, der Park trägt nun den Namen Dovrefjell-Sunndalsfjella Nationalpark.) Nach drei Tagen haben wir seinen westlich der Europastraße 6 gelegenen Teil durchquert. Zu viel Bedeutung sollte man dieser imaginären Linie, die man nur auf der Landkarte findet, allerdings nicht beimessen. Zwar sieht man nun hier und da mal eine unauffällige Sommerhütte stehen – mitunter bis zum Dach im Schnee versteckt – die Natur aber ist eigentlich dieselbe, zumindest jetzt im Winter. Der Schnee ist der gleiche, die Felsen und Hügel muten ähnlich wild an, größere Ansiedlungen gibt es ebenfalls nicht. In Norwegen ist das Land außerhalb von geschützten Naturparks

Ganz links:
Lesen beim Schein einer Petroleumlampe in den gemütlichen Kojen einer DNT-Hütte.

Links:
Schöner Wohnen im Dovrefjell: Eine kleine Felszacke im Dach unserer Höhle ermöglicht es uns, mit einem Karabiner eine Gaslaterne einzuhängen.

oft kaum von solchen zu unterscheiden. Bei einer durchschnittlichen Bevölkerungsdichte von 13 Einwohnern pro Quadratkilometer ist das nicht weiter verwunderlich.

Im Zelt und in einer Hütte haben wir schon geschlafen, es ist Zeit für eine Abwechslung, da sind wir uns einig. Auf die Idee, mal eine Nacht auf andere Art zu verbringen, kommen wir, als wir auf der Suche nach einem Zeltplatz am Abend nicht so recht fündig werden. Überall ist es ähnlich windig. Dann weckt eine Felswand unsere Aufmerksamkeit: Etwa auf halber Höhe, dort, wo die Schneeverwehungen langsam enden, ist sie überhängend. Und unter dem Überhang hat sich eine kleine, vielleicht drei Meter breite Terrasse gebildet. Mit der Schneeschaufel modellieren wir uns den perfekten Platz für die Nacht: eine Höhle, die nach Westen und Süden durch eine Schneemauer vor dem Wind geschützt ist, in Richtung Osten durch Pulka und Schneeschuhe. Im Norden und über unseren Köpfen ist der Fels. Eben wie eine Tischplatte hängt er knapp 50 Zentimeter über unseren Köpfen. Mit Hilfe eines Karabiners gelingt es uns sogar, dort unsere Gaslaterne zu befestigen. »Schöner Wohnen« im Dovrefjell, dazu lecker Essen mit »Emmentaler Makkaroni« und einer halben Tafel Herrenschokolade für jeden.

Tief verkrochen in den Daunenbergen unserer Schlafsäcke, schlafen wir bei minus 15 Grad tief und fest. Feine Schneewolken wecken mich früh am Morgen. Unser Schutzwall ist gut zehn Zentimeter in sich zusammengesackt, nun bläst der Wind den Schnee direkt in unsere Höhle hinein. Alles ist von einer Puderzucker-Schicht bedeckt.

Noch eine Etappe liegt zwischen uns und der Zivilisation. Eine Etappe mit zwei fantastischen Abfahrten, die wir gemeinsam auf der Pulka bewältigen. Boris vorn, ich hinten, hinab zur Dindalshytta, durch lichten Birkenwald, der plötzlich, als die kahlen Bäume links und rechts an uns vorbeifliegen, gar nicht mehr so licht erscheint.

Die Hütte ist urgemütlich. Knapp einhundert Jahre alt, erbaut im Blockhüttenstil mit niedrigen Decken, traditionell bemalten Türen, einem Kamin und einer Petroleumlampe über dem Tisch im Aufenthaltsraum. Ein perfekter Ort für den letzten Abend. Ein perfekter Ort, eine gelungene Tour zu beenden.

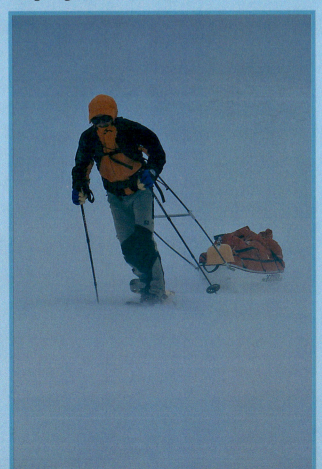

Ein Schneesturm zeigt uns gleich am ersten Tag der Tour, dass wir auf alles vorbereitet sein müssen. Dennoch macht es Spaß, die Natur so wild zu erleben.

Bootshäuser in Sørvika, einer Bucht am Nordende des Femund-Sees, des drittgrößten Binnensees Norwegens.

Rentier in einem Waldgebiet westlich des Femund-Sees. In dieser nur spärlich besiedelten Gegend sieht man immer wieder frei weidende Tiere, die den hier ansässigen Samenfamilien gehören.

800 Jahre alt ist die Stabkirche in Lom. Der Torbogen und die Kanzel stammen von dem Holzschnitzer Jakob Sæterdalen.

Bootsanleger in Sørvika. Hier liegt das 1905 erbaute Dampfschiff Fæmund II vertäut, das im Sommer noch immer über den Femund-See tuckert.

Ein lauer Abend und der letzte Kilometer zum nächsten Strand auf dem Isteren-See.

Ein stürmischer Morgen am Femund-See. Winde können sich auf der großen Wasserfläche des schlanken, rund 60 Kilometer langen Femunds besonders gut aufbauen und sind bei Paddlern gefürchtet.

SPECIAL ABENTEUER

Die Femundsmarka aus der Sicht eines Paddlers

Rechts:
Angler können ihren Speiseplan durch frischen Fisch bereichern. Dieser Hecht stammt aus einer Bucht am Nordende des Isteren.

Unten:
Mit etwas Glück bekommt man in der Femundsmarka sogar vom Boot aus Rentiere zu Gesicht. Mit ein wenig mehr Glück braucht man den Lagerplatz dafür nicht einmal zu verlassen.

Norwegen hat mehr als 20 000 Kilometer Küstenlinie. Wer gern auf dem Meer paddelt, ist praktisch im Paradies. Wen es eher ins Landesinnere zieht, wer gemütlich auf einem See unterwegs sein will, ohne auf Gezeiten und Meeresströmungen achten zu müssen und den Geruch von Salzwasser nicht unbedingt braucht, wer Kiefernwälder liebt und an seinem Lagerplatz über Moose und Flechten spazieren möchte, wer sein Trinkwasser direkt neben dem Kanu aus eben dem Gewässer schöpfen möchte, auf dem er kurz zuvor noch gepaddelt ist, der sollte in die Femundsmarka aufbrechen. Hier, rund 300 Kilometer nördlich von Oslo, nahe der schwedischen Grenze gibt es einige Seen, jeder ein wenig anders, alle wunderschön, und ideal für Touren im Kanu. Ob man nur einen Tag unterwegs sein will oder eine ganze Woche, spielt keine Rolle, die Möglichkeiten sind vielfältig.

Rechts Mitte:
Leben wie im Schlaraffenland: selbst gepflückte Heidel-, Him- und Moltebeeren fürs Müsli oder den Nachtisch.

Rechts:
Kampfansage: Wer Mückenschwärmen an lauen, windstillen Abenden nicht völlig wehrlos entgegentreten will, sollte sich gut vorbereiten. Die Wahl von Lagerplätzen an kleinen Landzungen über die eine Brise zieht, ist immer ratsam.

Das Flaggschiff der Region ist der Femund-See, zwar nicht besonders breit, aber über 60 Kilometer lang; der drittgrößte Binnensee des Landes. An seinen Ufern wächst neben den besagten Kiefern, Moosen und Flechten viel Blaubeerkraut, findet man an feuchten Stellen Moltebeeren – sonst eher eine Spezialität Nordnorwegens – und viele, viele Pilze. Vom Boot aus ein Rentier zu Gesicht zu bekommen, ist gar nicht so ungewöhnlich – die Femundsmarka ist das südlichste Siedlungsgebiet norwegischer Samenfamilien, ihre Rentiere weiden überall frei in der Gegend.

In unmittelbarer Nachbarschaft bettet sich westlich des Femunds der viel kleinere Isteren-See in die Landschaft. Seine Größe, 18 Kilometer vom Nord- zum Südende, ist kein Grund, ihn zu ignorieren, erst recht nicht als Paddler, der es nicht so sehr auf die Kilometerleistung als auf den Genuss abgesehen hat. Es ist durchaus möglich auf dem See eine ganze Woche zu verbringen. Da gibt es feine Sandstrände zuhauf und flache Buchten, in denen das Wasser eine perfekte Badetemperatur hat. Was will man mehr?

98

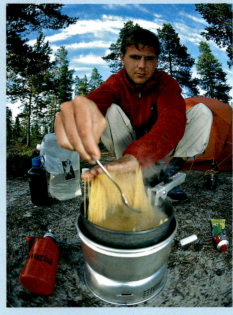

Ganz links:
Frische Pilze für den Hauptgang oder die Vorsuppe. Ein Bestimmungsbuch dabei zu haben, ist keine schlechte Idee.

Links:
Ob der Kaffee zum Frühstück oder eine große Portion Pasta zum Abendbrot, als Paddler kann man den Komfort eines großen Stauraums der Boote nutzen und sich viele Annehmlichkeiten aus der Zivilisation mitbringen. Sogar mal eine Flasche Wein.

Unten links:
Fast alle Gewässer in der weiten Natur Norwegens haben Trinkwasserqualität. Nur in ganz seltenen Fällen muss man zum Wasserfilter greifen.

Oben:
Camp an einem der vielen Strände des Femund-Sees. Er ist der drittgrößte See Norwegens und erstreckt sich parallel zur schwedischen Landesgrenze.

Ganz links:
Der Isteren-See ist nur 18 Kilometer lang, aber dennoch ein Traumziel für Paddler.

Links:
»Outdoor-Touren sind nichts für mich. Ich brauch' schon meine Dusche«, hört man immer wieder. Mit ein wenig Erfindungsgeist ist eine Dusche auch in der Wildnis schnell verfügbar. Mit entsprechender Sonneneinstrahlung ist das Wasser sogar warm.

NORWEGEN

Land der Mitternachtssonne – Nordnorwegen

Nordnorwegen mit seinen Provinzen Nordland, Troms und Finnmark hat eine sehr geringe Bevölkerungsdichte, die Finnmark ist die Heimat der in Norwegen lebenden Samen. In Nordland gibt es nur zwei Städte: Narvik und Bodø. Als »Tor zur Arktis« wird Tromsø, der Hauptort der Provinz Troms bezeichnet. Von hier starteten die Polarforscher Roald Amundsen und Fridtjof Nansen ihre Expeditionen in das ewige Eis.

Hier liegt auch das nördlichste Ende Europas: das Nordkap auf 71° 10' 21'' nördlicher Breite und 25° 47' 40'' östlicher Länge. 308 Meter erhebt sich die steile Klippe aus dem Meer. Naturschauspiele gibt es in Hülle und Fülle: zum Beispiel der wohl malerischste Fjord des Landes, der Lyngenfjord, die Inselgruppe der Lofoten, das »Gebirge im Meer« oder die Hochebene der Finnmarksvidda mit ihrer arktischen Wildnis. Über allem schwebt das unvergleichliche Licht des Nordens: im Sommer die Mitternachtssonne, die nicht mehr untergeht, im Winter das geheimnisvolle Polarlicht am dunklen Himmel – Aurora Borealis.

Eine Nothütte dient einer Gruppe von Mushern als Unterschlupf für die Nacht. Die Hunde bleiben bei jedem Wetter draußen und sind glücklich dabei.

Seite 102/103:
Blick auf den Oyhellesund und eine Insel der Lofoten mit dem Massiv des 987 Meter hohen Trolltindan. Die Lofoten sind ein Outdoor-Paradies mit unzähligen Tourenmöglichkeiten für Wanderer, Paddler, Radfahrer, Skitourengeher und nicht zuletzt Bergsteiger.

Die »MS Nordkapp« bei der Ausfahrt aus dem Nadelöhr des Trollfjords, der trotz seiner geringen Länge von nur knapp zwei Kilometern als schönster Fjord der Lofoten gilt. Hinter dem Engpass, den die großen Hurtigruten-Schiffe gerade eben passieren können, weitet sich der Fjord zu einem großen Becken, das von über 1000 Meter hohen Bergen umringt ist.

Aus dem Hafen von Henningsvær laufen im Frühjahr, zur Zeit des Lofoten-Fischfangs täglich hunderte von Trawlern aus – so viele, wie sonst nirgendwo auf den Inseln –, und finden hier einen sicheren Ankerplatz.

Blick auf den Raftsund im Osten der Inselgruppe der Lofoten. Von ihm zweigt der Trollfjord ab.

Ein ungenutztes Gestell zum Trocknen von Kabeljau am Rande von Reine, dem wohl schönsten Fischerdorf der Lofoten auf der Insel Moskenesøy. Nur 10 Kilometer südlich endet die Lofotenstraße im kleinen Ort Å.

SPECIAL ABENTEUER

TROLLWETTER AM TROLLFJORD – PADDELN AUF DEN LOFOTEN

Rechts:
Als es losgehen soll, ist das Wetter so ungemütlich, dass das gegenüberliegende Ufer kaum zu erkennen ist ...

Unten:
... Und doch scheint noch am gleichen Nachmittag die Sonne von einem wolkenlosen Himmel auf uns herab.

Der Wetterbericht – über den wir uns in der Bibliothek von Svolvær noch kurz im Internet informiert hatten – versprach für die nächsten Tage außerordentlich gutes Wetter. Nach einer Woche Dauerregen, bei dem die Tropfen die meiste Zeit waagerecht durch die Luft gepeitscht wurden, hatten die gelben, lächelnden Sonnenkugeln auf dem Bildschirm großen Charme versprüht – und den Ausschlag gegeben, unsere Faltboote doch noch auf den Lofoten zu Wasser zu lassen. Wir wollen den Trollfjord kennen lernen, sehen, ob er wirklich der schönste Fjord der Inselkette ist.

An einem kleinen Strand, am Ufer des Raftsunds, einer schmalen Meeresstraße im Nordosten des Inselarchipels steht unser Zelt. Hier haben wir schon am Vorabend alles vorbereitet für einen frühen Start. Doch was mich weckt, sind nicht Sonnenstrahlen, die das Zelt aufheizen, sondern kurze, harte Töne, ein Prasseln auf dem Nylon einen halben Meter über meinem Kopf.

„Verdammter Wetterbericht", denke ich, als ich vorsichtig die Apsis öffne. Draußen sieht es übel aus. Selbst den Gipfel, nein, überhaupt die gesamte obere Hälfte des Berges am gegenüberliegenden Ufer, knapp 200 Meter entfernt, kann man nicht ausmachen, so tief hängen Wolken und Nebel. Das typische Lofotenwetter. Wieder einmal sitzen wir mittendrin.

Doch geschlagen wollen wir uns nicht geben, den Trollfjord unbedingt mit eigener Kraft erreichen, nicht im Ausflugsboot. Gegen Mittag, die Wolken hängen mittlerweile ein paar hundert Meter höher, nutzen wir eine Regenpause, um die Boote ins Wasser zu schieben. Der feine, weiße, aus zerriebenen Muschelschalen bestehende Strand leuchtet, versucht dem Grau des Tages Paroli zu bieten, auch das seichte Wasser davor macht mit, schimmert türkisgrün. Schon nach wenigen Metern aber treibe ich auf dunklem, blauschwarzem Wasser, der Grund liegt ganz plötzlich irgendwo unsichtbar tief unter mir.

Der Ebbe entgegen

Mit schnellen, kräftigen Paddelschlägen überqueren wir zunächst den Raftsund und richten unsere Bootsspitzen drüben gen Süden. Trollfjord, wir kommen. Hätten wir heute Morgen starten können, wären die Kräfte der Gezeiten auf unserer Seite gewesen, jetzt aber hat die Ebbe eingesetzt und das Wasser presst uns in nördlicher Richtung entgegen, durch den Sund zum offenen Meer hinaus. Sobald wir aufhören zu paddeln, treiben wir mit, treiben wir zurück.

Immerhin ist die Strecke absehbar. Wir wollen nur einige Kilometer weit im Raftsund bleiben und dann in den Grunnfjord abschwenken. Auf der Karte sieht es aus, als könnte es dort einen schönen Lagerplatz geben. Und so paddeln wir weiter und weiter, Schlag um Schlag, ignorieren den Regen und die Strömung, bis wir irgendwann nach rechts abschwenken können, uns zwischen einigen Eilanden hindurchmogeln, um eine Landzunge herumschlängeln, um noch eine und noch eine und dann in den Grunnfjord hineingleiten.

Oben:
An einem kleinen Strand am Raftsund werden zwei Faltboote für eine Tour in die Umgebung des Trollfjords aufgebaut.

Ein richtiger Fjord, verglichen mit denen mehr im Süden des Landes, ist er ja nicht. Aber trotzdem schön. Die Ufer steigen weniger steil an, das Wasser schwappt in weiten Buchten ans Land. In einer legen wir an, bauen unser Zelt auf. Ein schlanker Grasstreifen sieht jetzt, nur kurze Zeit nachdem das Wasser seinen höchsten Punkt erreicht hat und wieder fällt, trocken und für die nächste Flut unbedenklich aus.

Zwei Stunden später. Wir haben im Zelt gelegen, dem Regen gelauscht und dem Wind, ein wenig geschlafen und geträumt. Irgendwie wird es ungewöhnlich warm und merkwürdig hell. Wieder öffne ich vorsichtig die Apsis – da und dort sehe ich am Himmel eine kleine weiße Wolke. Dazwischen Blau, nichts als Blau. In zwei Stunden hat sich das Wetter komplett geändert, der Wetterbericht trifft ganz plötzlich zu, ein lächelnder Sonnenball hängt über uns.

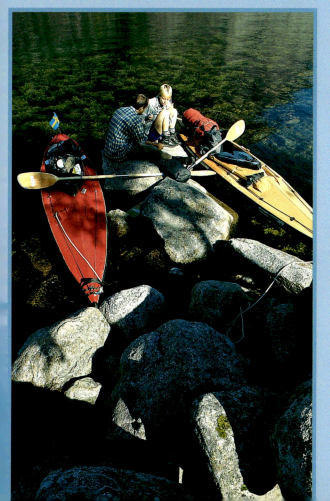

Links:
Egal wie flach das Wasser ist – mit einem Kajak kommt man überall hin. Bei der Rast auf einem großen Felsblock im Trollfjord.

Wir setzen uns auf einen großen Felsblock in der Nähe und lesen, schreiben Tagebuch, freuen uns über die Farbe des Himmels, schauen dem Wasser zu, wie es noch immer sinkt, Stunde um Stunde. Am Abend, als der Himmel sich sanft in Pastellfarben verliert, liegt unsere Bucht

107

trocken da. Wir erkunden das neu gewonnene Land zu Fuß, spazieren zwischen Bergen von Seetang, muschelbesetzten Steinbrocken und kleinen Gezeiten-Becken umher, aus denen das Salzwasser nicht abfließen konnte, und in denen nun das Leben tobt.

Schreck in der Nacht

Um ein Uhr und acht Minuten wache ich auf. Es ist hell im Zelt, sehr hell. Es ist nicht mehr die Sonne, die vom Himmel scheint – wir haben Ende August und die Zeit der Mitternachtssonne ist lange vorbei –, sondern der Vollmond. Ich öffne das Zelt und bin verblüfft. Wirklich verblüfft. Das Wasser ist mit dieser Flut viel höher gestiegen als es nach dem Stand am Mittag anzunehmen gewesen wäre. Auf meiner Seite ragt die untere Zeltecke ins Meer, bei Katrin schwappt das Salzwasser bereits in der Apsis umher, dort, wo unsere Füße liegen, gluckst es wie in einem Wasserbett. Der Tidenkalender, schnell – wir haben Glück. In dieser Nacht ist das Wasser zwar tatsächlich höher gestiegen, als am Mittag, doch die Flut hat ihren Höchststand schon vor ein Uhr erreicht.

Rechts und ganz rechts:
Die verschiedenen Gesichter des Grunnfjords: bei Flut und Sonnenschein, bei Ebbe und Nebel.

Unten:
Einen geeigneten Lagerplatz zu finden ist manchmal nicht schwer ...

Am Morgen dringen wir tiefer in den Grunnfjord, unseren Fjord, ein, stoßen bis an sein Ende vor. Es ist wunderschön. Still, wie in einem See liegt das Wasser in der geschützten Bucht da, ist klar wie Glas. Bis auf den Grund können wir schauen, vielleicht sechs, acht Meter tief. Wir beobachten Fischschwärme, die unter den Booten hindurch jagen, sich nicht an den Paddeln stören, die in ihr Reich eintauchen, und eine fette Qualle, die an Steuerbord vorbei gleitet.

Am Ende des Fjords legen wir an, folgen zu Fuß einem schmalen, vielleicht 30 Meter langen Bach, der uns von einem See entgegenströmt. Erst weit hinter seinem jenseitigen Ufer wachsen die Talwände zusammen, formen eine imposante, steil aufstrebende Wand. Plötzlich erhebt sich vom Seeufer ein großer Vogel, kommt mit mächtigen Schwingen auf uns zu, fliegt an uns vorbei. Wenig später ein zweiter, der in die andere Richtung verschwindet: zwei Seeadler, stolz und schön.

Passage gebracht, stehen sie gleich vor der nächsten Herausforderung: der Drehung des Dampfers um 180 Grad auf sehr begrenztem Raum.

Wir haben es da leichter, können unbedenklich eine große Runde drehen und gelangen nach einer Weile ohne Schwierigkeiten zurück in den Raftsund. Mit dem Fernglas suchen wir die kleinen Inseln in der Umgebung nach einem Zeltplatz ab. Ein kleines Eiland scheint perfekt zu sein, schon aus der Entfernung. Die letzten Meter zu einer Felsterrasse schaffen wir fast nicht. Die Ebbe hat eingesetzt, das Wasser ist inzwischen so weit abgelaufen, dass wir unsere Paddel kaum noch eintauchen können, die Bootskiele über den Sand streichen.

Den Elementen ausgeliefert

Es passt gerade eben so. Das Zelt steht vor einem Felsabsatz, zwei Meter davor liegt die Hochwassermarke, die Boote drängen sich drei Schritte weiter rechts an die Wand. Nur der Speisesaal ist riesig und bietet sogar Platz für eine Feuerstelle. Aus Treibholz von unserer Insel und

Wie eine Flasche Sangria

Der Trollfjord ist etwas Besonderes. Wirklich tief ragt er nicht ins Land hinein, nur knapp zwei Kilometer. Was ihn so interessant macht ist vielmehr seine Gestalt. Aus der Luft betrachtet, mutet der Trollfjord an wie eine bauchige Sangriaflasche mit einem langen Hals. Vom Wasser aus ist das Erlebnis ähnlich ungewöhnlich für einen Fjord. Durch ein Nadelöhr aus Stein gleitet man einem riesigen, von zackigen Felsen eingefassten Becken entgegen. Oben, auf knapp 1000 Metern Höhe liegt sogar jetzt noch etwas Schnee.

Die imposanten Hurtigruten-Schiffe, die ihren Gästen zuliebe den Trollfjord im Sommer täglich anlaufen, passen gerade noch durch die steinerne Pforte hindurch. Dabei wird es links und rechts aber schon so eng, dass die Passagiere die steilen Uferwände fast berühren können. Haben die erfahrenen Kapitäne ihr Schiff durch diese

Unten:
... eher, sich dafür entscheiden zu müssen, welcher von zweien oder dreien der schönere ist.

Rechts und ganz rechts:
So schnell, wie das gute Wetter am ersten Tag der Tour gekommen ist, schlägt es am dritten Tag wieder um und wird richtig ungemütlich.

Oben:
Lager am Ufer des Grunnfjords. Einen Gezeiten-Kalender dabei zu haben, ist vor allem wichtig, um einschätzen zu können, wie hoch die nächste Flut kommen wird.

sehen sein wird, ist nicht nur das Wasser, das uns immer mehr einschließt, sondern auch der Himmel, der sich von einem fantastischen Blau in ein dunkles, verwaschenes Grau verfärbt, das stark an den ersten Tag der Tour erinnert. Es könnte ungemütlich werden auf unserer Insel.

Wir verpacken uns wasserdicht und nehmen Kurs auf den geschützten Trollfjord, in dem wir am Vortag einen perfekten Lagerplatz entdeckt hatten. Dort werden wir zumindest dem Sturm – der ganz plötzlich, kaum dass wir uns vom Land abgestoßen haben, aufgekommen ist – nicht mehr ausgesetzt sein. Schnell, wie von einer kräftigen, großen, aber unsichtbaren Hand geschoben, nähern wir uns dem Fjord. Um uns herum blitzen Schaumkronen auf, das Wasser des Raftsunds schlägt über den Booten zusammen, wir tanzen, den Elementen ausgeliefert. Das trockene Zelt vor Augen und die warmen Schlafsäcke, macht es mir nichts aus, zu spüren, wie die Regen- und Gischttropfen sich auf meiner Stirn zusammentun, sich einen Weg an meinem Nasenbein entlang nach unten suchen, meinen Lippen einen salzigen Besuch abstatten und dann irgendwann doch in meinem Kragen verschwinden. Norwegen ist und bleibt wild. Da kann man manchmal selbst gegen kleine Wassertropfen nicht viel ausrichten.

zwei benachbarten, die man inzwischen über einen von der Ebbe freigelegten Strand erreichen kann, errichten wir ein kleines Feuer. Wir kochen, sitzen lange da und genießen die Aussicht auf den Raftsund, das vorbeifahrende Postschiff und später die untergehende Sonne.

Um die Gezeiten-Unterschiede auf Film zu bannen, baue ich am nächsten Morgen am höchsten Punkt der Insel meine Kamera auf einem Stativ auf und mache von sieben Uhr morgens an stündlich ein Bild. Was später zu

Algen und Gräser in der Gezeitenzone. Es ist immer wieder spannend, sich Zeit zu nehmen und auf Details zu achten. In kleinen Tümpeln entdeckt man vielleicht sogar Meeresbewohner, die vom abfließenden Wasser zurückgelassen wurden und auf die nächste Flut warten müssen, bevor sie zurück ins große Meer gelangen können.

Blick auf die Wahrzeichen von Tromsø: die Tromsø-Brücke und die an ihrem Ende liegende Eismeerkathedrale. Zwei Monate im Jahr kommen keine Sonnenstrahlen in die Stadt, die blaue Stunde ist lang und taucht alles in sanftes Licht.

Blick vom Balkon des Rica Ishavshotels auf das Stadtzentrum. Tromsø beherbergt die nördlichste Universität Norwegens. Mehr als 10 Prozent der 60 000 Einwohner sind Studenten.

Das tief verschneite Kufjell südlich des Altevatn in der Provinz Troms, weit nördlich des Polarkreises.

Die Gaskas-Hütte am Ufer des Altevatn. Sie ist eine von vielen DNT-Hütten am Nordkalottleden, einem über 800 Kilometer langen Trail, der durch den Norden Norwegens, Schwedens und Finnlands führt.

Mehr als drei Viertel der viereinhalb Millionen Norweger leben in einem zehn Kilometer breiten Streifen an der Küste. Das gilt auch für Nordnorwegen.

Die Zeit zwischen Nacht und Tag am Ende des Winters ist lang. Die Dämmerung zieht sich oft eine kleine Ewigkeit dahin und zeigt ihr Farbenspiel in zarten Tönen am Himmel.

115

SPECIAL ABENTEUER

Vier Pfoten für ein Halleluja – Hundeschlittentour in Lappland

Temperaturen bei 30 Grad unter Null sind Ende Januar keine Seltenheit in Lappland. Und wenn die Wimpern vereisen und der Rotz in der Nase erstarrt, dann weiß man auch ohne Thermometer, wie kalt es ist.

Die Luft knistert. Ist erfüllt von einer Energie, wie ich sie nie zuvor so geballt erlebt habe. 55 Huskys bellen, schreien, hecheln und jaulen, zerren an ihren Ketten, springen wie toll im Kreis. Sie wissen, dass sie wieder laufen dürfen. Laufen und ziehen. Heute noch. Gleich.

Vor meinen Schlitten gehören sechs Hunde: Toivo, der Leithund, daneben Lotte, dahinter Sarek und Tornado, dann Ben und Pia. Keine leichte Aufgabe, sie das erste Mal in ihr Geschirr zu zwängen und einzuspannen. Wild sind die Huskys ohnehin, jetzt, wo es losgeht, in ihrer Vorfreude gleich noch eine Spur wilder – und ich schätze, sie durchschauen das Greenhorn in mir. Tornado macht es mir besonders schwer. Sie ist, wie sie heißt, wirbelt zwischen meinen Beinen umher, ist zu aufgeregt, als dass ich ihr das Geschirr überstreifen könnte. Erst beim dritten Anlauf gelingt es. Die Hunde reißen mich fast von den Füßen, als ich sie die 50 Meter hinüber zum Schlitten bringe. Sie wollen los. Ich auch. Kann es kaum erwarten, endlich mit meinem Gespann in die weiße Winterwelt Lapplands aufzubrechen.

35 von 55 Hunden auf Björn Klauers Huskyfarm in Innset am Altevatn, weit oberhalb des Polarkreises, werden auf unserer Tour dabei sein. Fünf Gespanne, 35 Hunde, die anderen Tiere bleiben zurück. Für acht Tage brechen wir auf in die Wildnis in und um den Øvre Dividal Nationalpark. Nach und nach starten die Gespanne, in vorgeschriebener Reihenfolge. Erst Björn, unser Guide, ein Hamburger, der Deutschland vor 18 Jahren verließ und vor sieben Jahren norwegischer Staatsbürger wurde, gefolgt von Petra, einer Mittvierzigerin aus Erlangen, dann ich, hinter mir die beiden Schweizer Christian und Filip.

Toivo, Lotte, Sarek, Tornado, Ben und Pia ziehen, was das Zeug hält, zerren am Schlitten. Noch sind wir fest. Der Schneeanker hält mich und das Startseil, zudem stehe ich auf der Bremse. Vorsichtig löse ich den Anker, die Hunde bemerken das leichte Rucken sofort und zerren noch heftiger. Die Bremse hält uns nicht mehr, das Startseil ist zum Zerreißen gespannt. Ich löse den Schnappverschluss mit einem Ruck – und muss mich gut festhalten. Wie eine Rakete schießt mein Gespann los, rast vom Hof der Huskyfarm und in Richtung Altevatn, auf dem wir die ersten 50 Kilometer der Tour bleiben werden.

Dämmerung um 14 Uhr

Was für ein Gefühl: Ich stehe auf den Kufen des Schlittens, halte mich noch etwas verkrampft fest, bremse vielleicht ein bisschen viel, vor mir sechs Kraftpakete, die endlich wieder das tun dürfen, was sie am liebsten machen im Leben: laufen und ziehen. Für sie geht es auf die Jagd, der Wolfsinstinkt steckt noch immer in den Tieren.

Rundum ist es weiß, der Altevatn eine große, eisige Fläche vor uns, Berge rundum, sanfte Kuppen, kaum ein scharfer Grat irgendwo. Das Auge darf gleiten, wie es der Schlitten tut. Es ist zwölf Uhr. Doch jetzt, Ende

Oben links:
Über den Altevatn führt die Hundeschlittentour zunächst gen Osten in Richtung schwedischer Grenze.

Oben rechts:
Ben und Pia, zwei der Huskys aus meinem Gespann, sind heiß darauf laufen zu dürfen. Keiner der Hunde sieht es je als Qual, zu rennen und einen Schlitten zu ziehen.

Links und ganz links:
Nicht immer gelingt es, rechtzeitig unter der Schneedecke verborgenen Steinen und Wurzeln auszuweichen. Wenn es zu Schäden kommt, können kleinere Reparaturen an den von Hand gefertigten Schlitten meist leicht vor Ort und mit einfachen Mitteln behoben werden.

Links:
Leithund Toivo und Lotte, seine flinke Partnerin. Die Fähigkeiten des Leithundes sind für das Funktionieren eines Gespanns immens wichtig. Er ist der Ansprechpartner für den Musher, ihre Zusammenarbeit kann das Gelingen einer Expedition entscheidend bestimmen.

Ganz links:
Björn Klauer mit seiner Leithündin Olga und ihrem Nachbarn im Gespann: Grimm.

Oben rechts:
Ende Januar, kurz nach der Mittagszeit: Die Sonne schaut – nach drei Monaten Abwesenheit – erst in einigen Tagen wieder über den Horizont und taucht die Bergspitzen in Licht, noch leuchten allein der Mond und der Himmel im Süden.

Oben und unten:
Zwei Nächte der Huskytour verbringen wir im Lavvu, einem traditionellen Samenzelt, am Ufer des Altevatn. Ein gusseiserner Ofen in seiner Mitte spendet Wärme, unter dem Spitzdach trocknen nasse Handschuhe und klamme Wäsche in Windeseile.

Januar, streifen die Sonnenstrahlen nur die höchsten Gipfel der Berge ringsum. Björn hat die Sonne seit einem Vierteljahr nicht mehr gesehen.

Nach zwei Stunden eine kurze Rast auf dem Eis. Die Schlitten liegen auf der Seite, wir treffen uns in der Mitte des Konvois auf einen heißen Tee aus der Thermoskanne und auf eine 200 Gramm Tafel Schokolade. Der Mond steht am Himmel, über dem Horizont ein Streifen Purpur, der in weichen Wellen in ein intensives Blau verebbt. Es ist 14 Uhr und dämmert bereits. Lange können wir die Pause ohnehin nicht ausdehnen, die Hunde sind unruhig. Es steckt noch so viel Energie in ihnen, sie zerren an den Leinen – auch die gekippten Schlitten können sie nicht wirklich bremsen – und stimmen einen ohrenbetäubenden Gesang an. Töne, die nach Abenteuer klingen, nach Wildnis, nach Jack London.

Unser erstes Camp liegt am Ufer des Sees. Dort hat Björn ein Lavvu errichtet, ein Samenzelt ähnlich einem Indianertipi. Gemütlich ist es drinnen, auf den wärmenden Rentierfellen, die Füße ganz nah am gusseisernen Ofen. Draußen sind es unter 30 Grad minus, drinnen sitzen wir in Unterwäsche, die Beine der langen Unterhosen bis unter die Knie hochgezogen.

DER SONNE ENTGEGEN

Der zweite Tag auf dem See liegt hinter uns – und eine Nacht in einer kleinen grünen Holzhütte, die sonst Ranger des nahen Nationalparks nutzen – als der Tag anbricht, an dem Björn die Sonne zum ersten Mal wiedersieht – seit drei Monaten und wir seit vier Tagen. Schon früh gleiten wir über den See in Richtung Südosten, versuchen warm zu werden, indem wir den Schlitten mehr schieben als notwendig, immer mal wieder mitlaufen. Kleine Eiskugeln zieren meine Wimpern. Ich bin gespannt ob, wann und wo sich die Sonne blicken lassen wird. Dann, wie eine Antwort, ein erster Strahl, ein feuerroter Blitz, der uns vom Horizont entgegen schießt. Die Sonne entsteigt der Tundra, wandert zag-

haft einige handbreit über den Boden und überflutet das Land mit Licht. Zwei Husky-Gespanne sind vor mir, sie fahren in die aufgehende Sonne, wie echte Cowboys in die untergehende reiten. Fast kitschig ist es, aber auch einfach schön, unglaublich schön, so schön, dass mir ein Schauer über den Rücken rinnt. Als Silhouetten heben sich Schlitten, Menschen und Tiere vor mir ab, ich höre das Keuchen der Hunde, sehe ihren dampfenden, glitzernden Atem.

Über eine Landzunge, auf der abgestorbene Birken aus dem Boden ragen und die im Sommer sumpfig und von Mücken verseucht sein muss, haben wir den Altevatn verlassen und gleiten nun über den kleineren Leinavatn. Noch eine Weile können wir die entspannte Fahrt über die Ebene genießen, dann schwenken wir ab nach Osten und hinein in die Berge. Nicht nur, dass es dort naturgemäß bergauf gehen wird, der Schnee dort ist tiefer, es gibt Steine, Felsen, Büsche und Bäume, denen man ausweichen muss. Selbst bei minus 20 Grad kommen wir da schnell ins Schwitzen. Mindestens mit einem Bein müssen wir die Schlitten ohne Unterlass anschieben wie beim Rollerfahren, immer wieder muss ich ganz von den Kufen und den Schlitten einen steilen Absatz hinaufschieben, während die Hunde vorn ziehen. Keiner könnte hier allein bestehen, nicht die Huskys, nicht ich, nur als Team schaffen wir die Höhenmeter.

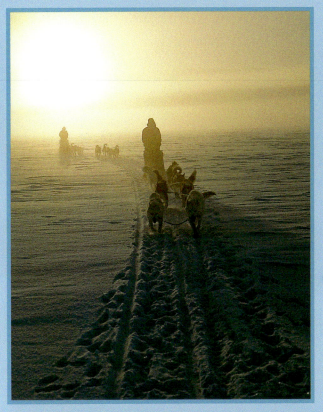

Links und oben:
Während das Vorankommen eines Hundeschlitten-Gespanns in den Bergen oft sehr mühsam und langsam ist und nur klappt, wenn auch der Musher kräftig anpackt, schiebt, zieht und zerrt, sind Etappen über zugefrorene Seen oft sehr entspannend.

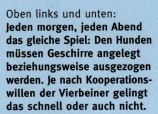

Oben links und unten:
Jeden morgen, jeden Abend das gleiche Spiel: Den Hunden müssen Geschirre angelegt beziehungsweise ausgezogen werden. Je nach Kooperationswillen der Vierbeiner gelingt das schnell oder auch nicht.

Mit den Hunden in die Berge

Nach dem traumhaften Erwachen des Tages wird das Licht nun immer schwächer und diffuser, die Sonne verschwindet hinter einer dünnen Wolkenwand. Während wir uns bergan kämpfen, fängt es leicht an zu schneien und wird windig. Unsere Fünfer-Kette ist zerrissen, ich sehe Petra irgendwo weit voraus als kleinen schwarzen Punkt vor einer riesigen weißen Leinwand. Wo der Himmel endet und der Boden beginnt, ist nicht auszumachen. Eine Schutzhütte an der schwedischen Grenze wollen wir erreichen, noch bevor es dunkel wird, doch nicht einmal Björn weiß, ob wir es schaffen werden. »Sonst bauen wir halt an einer halbwegs geschützten Stelle das Zelt auf. Ist auch kein Problem.«

Irgendwann liegt der höchste Punkt des Tages hinter uns, es geht leicht bergab, der Schnee ist nicht mehr so tief, die Hunde laufen leichter und können wieder zu Kräften kommen. Dafür leiden nun die Schlitten. Immer wieder krachen die Kufen über Steine und Felsen, schrammen an Büschen und kleinwüchsigen Bäumen entlang. In einer scharfen Rechtskurve muss ich plötzlich halten, stehe mit beiden Beinen voll auf der Bremse, rufe laut »stoooooo« und komme gerade noch rechtzeitig zum Stehen. Eine Krüppelbirke wächst direkt vor mir aus dem Schnee. Die Hunde wären wahrscheinlich noch dran vorbeigekommen, der Schlitten nie. Während Toivo, Lotte, Sarek, Tornado, Ben und Pia verschnaufen, gehe ich nach vorn, um den Schlitten auszurichten. Das dabei unvermeidbare Ruckeln an ihren Zugleinen sehen sie natürlich sofort als Zeichen, dass es weitergeht, und legen sich mächtig ins Zeug. Während ich es gerade noch schaffe, auf den Schlitten zu springen, um nicht zurückgelassen zu werden, kracht der vordere Holzbogen mit voller Wucht an den Stamm der Birke. Es knackt, das Bäumchen ist gefällt. Die Hunde schauen sich nicht einmal um, zerren und ziehen weiter, keuchen und sind noch immer erfüllt von ihrem Lauftrieb. Nach über 40 Kilometern und 400 Höhenmetern.

Nachtfahrt bei minus 30 Grad

Die Hütte ist noch nicht in Sicht, als uns die Polarnacht umfängt. Fünf Hundegespanne bewegen sich langsam über die Hochebene, als weiße, unregelmäßig umrissene Scheibe, wirft der Vollmond sein Licht durch Schleierwolken über das Land. Es ist nicht schwarz um uns, sondern vielmehr blau. Das Thermometer, das an meinem Schlitten baumelt, zeigt wieder knapp minus 30 Grad an, doch ich friere nicht. Ich beobachte die Spur von Björn und Petra und meine Hunde, lausche ihrem gleichmäßig gehenden Atem, dem Knistern des Schnees unter uns und den hin und wieder knarrenden Holmen meines Schlittens. Was jetzt noch fehlt, ist ein über den Himmel zuckendes Nordlicht, wie am ersten Abend am

Über Nacht werden die Hunde an einem straffen Stahlseil angekettet, jeder in sicherem Abstand zu seinem Nachbarn, damit sie nicht miteinander streiten. Das Abendbrot besteht aus einem 1000 Gramm-Brocken gefrorenen Hundefutters.

Links:
Wenn der Tag zu Ende geht und die Nacht noch nicht da ist, herrscht die blaue Stunde über das schneebedeckte Land.

Unten:
Angesichts der Temperaturen weit unter dem Nullpunkt gefrieren alle mitgeführten Lebensmittel. Brot lässt sich auf dem Ofen ganz hervorragend auftauen und rösten.

Altevatn. Als ein doppelter, sattgrüner Bogen, geschwungen wie eine Kathedrale mit Zwiebelturm, im Westen über den Bergkämmen loderte.

Die Hütte – ein Spitzdach, direkt vom Boden ansteigend, eine kleine Tür vorn, ein winziges Fenster hinten, drinnen zwei Pritschen und ein kleiner Ofen – ist an allen Ecken mit zum Boden führenden Stahlseilen gesichert. Auch das Plumpsklo gegenüber und der Holzschuppen. »Einmal war das Wetter hier oben so schlecht, stürmisch und mit einer Sicht gleich Null, dass wir zwischen dem Klohäuschen und der Hütte ein Seil spannen mussten«, erzählt uns Björn beim Essen.

Eine Stunde später finde ich den einst so gesicherten Weg ganz leicht. Der Mond strahlt wie ein Scheinwerfer von einem inzwischen klaren Himmel, eine Flut an Sternen steht ihm zur Seite. Die 20 Meter sind kein Problem. Sorgen bereitet mir nur die von einer Schneewehe bedeckte Toilettenbrille.

Oben:
Drinnen trocknen die Musher ihre Kleidung und wärmen sich am gusseisernen Ofen, den fast alle Hütten der Region bieten.

Seite 122/123:
Die Ende Januar gerade über den Horizont blickende Sonne wirft lange Schatten. In wenigen Monaten schon wird sie für eine ganze Zeit lang nicht mehr untergehen. Dann beherrscht die Mitternachtssonne weite Teile Nordnorwegens.

Nützliche Informationen

Anreise

Nach Südnorwegen gelangt man am schönsten auf dem Wasserweg. Es gibt verschiedene Fährmöglichkeiten, am entspanntesten ist sicherlich die Anreise mit der Fähre der Color Line von Kiel nach Oslo. Von Norddänemark gibt es weitere Verbindungen der Color Line von Hirtshals nach Kristiansand, Hirtshals – Oslo, Fredrikshavn – Larvik, mit der Stena Line von Fredrikshavn nach Oslo und mit der Fjordline von Hanstholm über Egersund und Haugesund nach Bergen.
Infos: **www.colorline.de, www.stenaline.de, www.fjordline.com.**

Und abends ein gemütliches Feuer am See.

Ausrüstung

Norwegen stellt allein durch sein Klima und die geografischen Voraussetzungen nicht nur zum Teil hohe Ansprüche an die Kondition und Psyche der Wanderer, Paddler, Radler oder Winter-Tourengeher, sondern ebenso an die Ausrüstung. Deshalb sollte man auch diesbezüglich nicht falsch vorbereitet in die Wildnis gehen. Ein Zelt aus dem Supermarkt beispielsweise ist für sichere Touren in Norwegen ungeeignet. Informieren Sie sich in kompetenten Ausrüstungsläden oder in der Fachliteratur: Regelmäßige Ausrüstungstest finden Sie in der Zeitschrift »outdoor« und auf der Homepage **www.outdoor-magazin.com.**

Informationen / wichtige Adressen

Norwegisches Fremdenverkehrsamt (für Deutschland, Österreich und die Schweiz), Postfach 113317, 20433 Hamburg, Tel. 0180/5001548, Fax 040/22710815, E-Mail: germany@ntr.no, **www.visitnorway.no, www.norwegen.de.**
Den Norske Turistforening (DNT), P.O. Box 7 Sentrum, N-0101 Oslo, (Besuchsadresse: Storgata 3), Tel, 22822800, E-Mail: info@turistforeningen.no, **www.turistforeningen.no.**
DNT-Vertretung in Deutschland: Nach Norden, Helga Rahe, Drostestraße 3, 48157 Münster, Tel. 0251/324608, Fax: 0251/326846, E-Mail: helga.rahe@huettenwandern.de, **www.huettenwandern.de.**

Wichtig für Rad-, Wander- oder Paddeltouren: eine gute Karte.

Jedermannsrecht und Naturschutz

Das Jedermannsrecht: Es gibt kaum ein Gesetz, über das man sich als Naturfreund mehr begeistern kann. Es wurde vor einigen hundert Jahren ins Leben gerufen – damals, um den durch das Land Reisenden die Möglichkeit zu geben, frei in der Natur zu kampieren und von dem zu leben, was die Natur hergab – und regelt noch heute das Miteinander von Mensch und Natur auf eine sinnvolle und schöne Art und Weise.

Da sich die Zeiten geändert haben, immer mehr Touristen ins Land kommen und immer häufiger die Natur gerade durch das Jedermannsrecht strapaziert wird, ist es besonders wichtig, auch die Pflichten, die einem das Naturgesetz ebenso auferlegt, zu befolgen. Sonst wird das Jedermannsrecht über kurz oder lang verschwinden. Stimmen, die dies fordern, werden immer lauter.

Die einfache Grundregel heißt: NICHT STÖREN – NICHTS ZERSTÖREN, ansonsten gilt folgendes: Sie dürfen in der Natur (falls nicht anders angegeben):

- wandern, Rad fahren oder reiten, jedoch nicht auf privatem Grund, durch Schonungen oder über Äcker, deren Saat oder Ernte beschädigt werden könnte. Halten Sie angemessenen Abstand zu Wohn- und Ferienhäusern (mind. 150 m).
- eine Nacht ohne Erlaubnis des Grundeigentümers zelten. In Wohn- und Ferienhausnähe und für Gruppen ist jedoch die Erlaubnis des Eigentümers notwendig. In dünn besiedelter Natur darf man durchaus auch eine Nacht länger bleiben.
- vorübergehend mit dem Boot an fremden Ufern anlegen (nicht jedoch an privaten Bootsstegen), an Land gehen und baden, außer in unmittelbarer Nähe von Wohnhäusern.
- Beeren und Pilze für den Eigenbedarf sammeln, und Blumen pflücken, falls sie nicht unter Naturschutz stehen, sowie auf dem Boden liegende Äste und Zweige auflesen, falls es nicht (z.B. in Vorschriften für Nationalparks und Naturschutzgebiete) anders angegeben ist.

Das Jedermannsrecht verbietet:
- das Fahren jeglicher Motorfahrzeuge im Gelände.
- Bäume und Büsche zu fällen, sowie Äste, Zweige und Rinde abzubrechen und lebende Bäume zu beschädigen.
- zu jagen und Vogelnester auszunehmen oder zu zerstören.
- Schmutz und Abfälle in der Natur zu hinterlassen. Tiere und Menschen können sich daran verletzen. Verlassen Sie Ihren Rastplatz so, wie Sie ihn vorfinden möchten. Lassen Sie keine Mülltüten neben vollen Mülleimern stehen. Menschliche Exkremente gehören verbuddelt. Einen kleinen Toilettenspaten sollte man daher zumindest auf Kanu- und Radtouren auf jeden Fall dabei haben, wenn nicht so sehr aufs Gewicht geachtet werden muss.
- ohne Angelkarte zu angeln. (Außer im Meer.) Lassen Sie auf keinen Fall Angelleinen zurück in der Natur. Sie bedeuten ein hohes Verletzungsrisiko für Tiere.
- vom 15.4. bis 15.9. offenes Feuer zu entzünden. Machen Sie außerdem niemals Feuer auf Klippen und Steinen, sie können bersten. Benutzen Sie dort einen Kocher.

Weitere Infos: Direktoratet for naturforvaltning, Tungasletta 2, 7047 Trondheim, Tel. 0047/73580500, **www.naturforvaltning.no**

Karten

Abgesehen von generellen Straßenkarten, die Sie sicherlich für Ihre grobe Reiseplanung benötigen (empfehlenswert ist die mehrteilige Kartenserie von Cappelen/Kümmerly & Frey im Maßstab 1:400.000, ca. 10 Euro) gibt es für die Touren drei verschiedene topographische Kartenserien, die in Frage kommen. Zum einen ist das die Serie der Fjellkarten »M-711«, die das gesamte Land in über 700 Blättern lückenlos in einem Maßstab von 1:50.000 abdecken. Zur Auswahl stehen außerdem die »Turkart-Serie« und die »Fjellkart-Serie« von Statens Kartverk bzw. Cappelen, die Norwegens beliebteste Wanderregionen in einem Maßstab von 1:100.000 abdecken. Während bei diesen Karten Wanderwege, Hütten und andere touristische Einrichtungen farblich hervorgehoben sind, kommen die M-711-Karten gänzlich ohne diese Informationen daher. In der Genauigkeit sind diese Karten natürlich nicht zu überbieten, auch wenn die anderen normalerweise ausreichen. Diese Karten kosten zwischen acht und 15 Euro, und sind hierzulande normalerweise in Reisebuchhandlungen oder dem Outdoorhandel erhältlich. Vor Ort erhalten Sie die Karten in Buchhandlungen, Tankstellen oder Informationszentren. Fast alle Karten können Sie bei Dr. Götze Land & Karte in Hamburg (Alstertor 14-18, 20095 Hamburg, Tel. 040/3574630, E-Mail: info@mapshop-hamburg.de, **www.mapshop-hamburg.de**) bestellen.

LITERATUR

Outdoor Kompass Südnorwegen, 20 Trekking-, Kanu-, Bike- und Wintertouren, Lars Schneider, Thomas Kettler Verlag, 19,90 Euro.

KLIMA / WETTER

Norwegens Klima wird insgesamt stark vom Golfstrom geprägt, der die gesamte Küste wie eine lang gestreckte Heizung umfließt. So kommt es auch, dass an der Küste die Winter eher mild – dafür aber sehr feucht – ausfallen. Es gibt an der Küste keine großen Temperaturunterschiede zwischen Orten im Süden und Norden des Landes. Im Landesinneren ist das freilich etwas anders, mit kontinental geprägten kalten Wintern. Insgesamt ist Norwegen, das merkt man oft schon auf kurzen Reisen, eine große Wetterküche mit wilden Rezepten. Natürlich kann es wochenlang regnen oder wochenlang die Sonne scheinen und auch klassische Altweibersommer im Herbst finden statt, doch häufig erlebt man alle vier Jahreszeiten an einem einzigen Tag.

MÜCKEN

Was die Bären für Alaska und die Piranhas für den Amazonas, sind die Mücken für Skandinavien – gefürchtet und ewiges Gesprächsthema. Dabei ist es mit ihnen eigentlich nur halb so wild. Ganz so schlimm, wie man es aus Lappland hört, wird es in Südnorwegen glücklicherweise nicht und ein wenig Planung kann man den Plagegeistern einigermaßen entgehen. Achten Sie vor allem darauf, wo sie ihr Lager aufschlagen. Auf dem Wasser beim Paddeln oder beim Wandern und Radfahren, solange man in Bewegung ist, hat man normalerweise keine Probleme. Abends und morgens aber, dann, wenn man es sich eigentlich richtig gemütlich machen möchte, starten die Plagegeister ihre Angriffe. Bauen Sie Ihr Lager, wenn irgendwie möglich nicht besonders windgeschützt auf (schon eine kleine Brise kann Wunder wirken), nicht in der Nähe eines seichten Tümpels und nicht im hohen Gras (hier kann es außerdem noch Zecken geben). Mückenmittel wie Autan helfen teilweise erstaunlich gut, außerdem sollten Sie darauf achten, keine zu enge Kleidung zu tragen und zum Beispiel die Fußknöchel durch dickere Socken zu schützen. Langärmlige Kleidung hilft ebenso. Man sagt, dass dunklere Kleidung, besonders die Farbe Blau, Mücken anzieht. Mücken treten normalerweise ab Juni auf und bleiben bis zum ersten Frost Ende August/Anfang September. Viel schlimmer als Mücken sind oft die so genannten Knots oder Kribelmücken, weitaus kleinere Flieger, die selbst Moskitonetze nicht aufhalten und gern unter Hutkrempen krabbeln. Sie beißen und sorgen für einen fürchterlichen Juckreiz. Nehmen Sie auf jeden Fall eine Creme (z.B. Fenistil Gel) mit. Es wirkt kühlend und mildert den Juckreiz.

TRANSPORT

Für den öffentlichen Transport im Land sind hauptsächlich Bus und Bahn zuständig, nur für größere Entfernungen zwischen Süd- und Nordnorwegen ist das Flugzeug eine Alternative. Am einfachsten ist es noch immer, mit dem eigenen Auto anzureisen, allein wegen des Gepäcktransports, besonders, wenn man gleich mehrere Touren in verschiedenen Gegenden machen möchte. Studenten bekommen normalerweise sowohl auf die Bahn- als auch auf die Bustarife eine Ermäßigung von 50%.

Infos: BUS: Nor-Way Bussekspress, Tel. 0047/23002449 oder 0047/81544444, **www.nor-way.no**, E-Mail: ruteinformasjon@nor-way.no.
BAHN: Norwegische Staatsbahn (NSB), Tel. 0047/23150000, **www.nsb.no**, **www.scanrail.com**.
FLUGZEUG: **www.braathens.no**, Tel. 0047/81520000 oder Tel. 0047/67591309.

BERGHÜTTEN

In fast allen beliebten Wanderregionen unterhalten der DNT, der Norwegische Wanderverein, oder lokale Wandergruppen Berghütten, die allen Wanderern offen stehen. (In der Regel sind sie von Anfang Oktober bis Mitte Februar geschlossen. Genaue Termine erfährt man beim DNT.) Es gibt eine Reihe unterschiedlicher Kategorien, angefangen bei kleinen Nothütten, die zwei Pritschen und einen kleinen Holzofen bieten, zu unbewirtschafteten und bewirtschafteten Hütten (beide mit Vorratsregalen, Gaskocher und Ofen ausgestattet) und den so genannten Berghotels, riesigen Wanderherbergen mit über 100 Betten und Vollpension. Man kann seine Touren darauf abstimmen, jede Nacht in Hütten zu übernachten, um auf Zelt, Isomatte und Kocher verzichten zu können, oder bestimmte Hütten entlang seiner geplanten Route als Notunterkünfte bei schlechtem Wetter im Hinterkopf haben. In viele der unbewirtschafteten Hütten gelangt man nur mit einem Schlüssel, den Mitglieder direkt beim DNT oder seiner deutschen Vertretung gegen ein Pfand erhalten. Mitunter bekommt man den Schlüssel auch in einer bewirtschafteten Hütte der Region. Die jährliche Mitgliedschaft kostet ca. 45 Euro, Junioren bis 25 Jahre zahlen ca. 20 Euro. Mitglieder können vergünstigt übernachten: In unbewirtschafteten Hütten zahlen Mitglieder ca. 15 Euro, Nichtmitglieder ca. 25 Euro.

Infos: Den Norske Turistforening (DNT), P.O. Box 7 Sentrum, N-0101 Oslo, (Besuchsadresse: Storgata 3), Tel. 22822800, E-Mail: info@turistforeningen.no, **www.turistforeningen.no**.
DNT-Vertretung in Deutschland: Nach Norden, Helga Rahe, Drostestraße 3, 48157 Münster, Tel. 0251/324608, Fax: 0251/326846, E-Mail: helga.rahe@huettenwandern.de, **www.huettenwandern.de**.

VERANSTALTER

Unzählige Reiseveranstalter bieten Touren aller Art nach und in Norwegen an: vom Trekking für Einsteiger zu Kanutouren auf dem Femund-See, von Radtouren durchs Fjordland zu Skiwanderungen über die Hardangervidda. Wenn Sie etwas Besonderes erleben möchten, und vor allem, wenn Sie Kontakt zu Norwegern suchen, sollten Sie eine Reise beim DNT, dem norwegischen Wander- und Touristenverband buchen. Der DNT verwaltet fast alle Wanderhütten im Land und ist dem Jugendherbergswerk in Deutschland ähnlich. Größtenteils werden die Touren des DNT von Einheimischen gebucht.

Programm- und Buchungsinfos: Den Norske Turistforening, P.O. Box 7 Sentrum, 0101 Oslo, Norwegen, Tel. 0047/22822800, E-Mail: info@turistforeningen.no, **www.turistforeningen.no**.
Vermittlung dieser Touren in Deutschland durch die DNT-Vertretung-Deutschland: Nach Norden, Helga Rahe, Drostestraße 3, 48157 Münster, Tel. 0251/324608, Fax: 0251/326846, E-Mail: helga.rahe@huettenwandern.de, **www.huettenwandern.de**.

Die in diesem Buch beschriebene Hundeschlittentour wurde mit dem Hamburger Björn Klauer durchgeführt, der vor vielen Jahren nach Nordnorwegen ausgewandert ist und dort Huskytouren veranstaltet. Infos: Björn Klauer, Innset, Altevannsveien, 9360 Bardu, Norwegen, Tel. 0047/77184/503, **www.huskyfarm.de**.

Wärmt von außen und innen: eine Tasse Tee.

Ein gut gefülltes Proviantregal einer DNT-Hütte.

Register	Textseite	Bildseite
Aksla	20	
Alta	23	
Altevatn	116, 118	114, 117ff, 121
Arendal	20	36, 40
Aurlandsfjord		17
Å	105	
Ålesund	19, 48	76
Åmotsdalen		91
Åndalsnes	48	49, 74
Bergen	18f, 21f, 28, 48	15, 44f, 49
Bessvatnet	80	79
Bodø	23, 100	
Bolstadfjord		47
Byfjord		15
Byrkjelo		49
Dovrefjell-Sunndalsfjella Nationalpark	18, 28, 88-93	10, 86f, 88-93
Eidfjord		58
Femund-See	23, 98	28, 94, 97, 99
Femundsmarka	98	28, 98
Finnmarksvidda	100	
Finse	56f	56f
Flåm		17
Fløyen	19	
Forsand		65
Geilo		58
Geiranger	48	49, 72, 74
Geirangerfjord	28, 48	49, 72
Gjende-See	80	79f
Gjeving	41	
Grimstad	39	
Grønsfjord		35
Grunnfjord	107f	108, 110
Hamar		82f
Hammerfest	21	
Hardangerfjord	28, 48, 56	
Hardangerjøkul	52, 55f	50, 53, 55f
Hardangervidda	18, 52f, 56	11, 19, 47, 50f, 53f, 57, 59
Hellesylt		72
Hennlngsvær		104
Innset	116	
Isteren-See	23, 98	28, 96, 98f
Jotunheimen Nationalpark	80	79ff
Kirkenes	21f	
Kjerag Plateau	10, 15	7, 23, 65-70
Kjøpmansvik	38	
Kragerø	20	39
Kristiansand	13f, 20, 38	33, 39
Kufjell		114
Låtefoss		46
Leinavatn		119
Lillehammer		58, 82f

Register	Textseite	Bildseite
Lillesand	20, 38f	36, 39
Lindesnes	14, 28	33
Lofoten	14, 100	6, 15, 104ff
Lom		95
Lyngenfjord	100	
Lyngør	20, 40, 42f	34, 37f, 41f
Lysebotn	10	65, 69
Lysefjord	10, 15	6, 7, 23, 62, 64f, 68, 128
Mjøsa-See		83
Moskenesøy		105
Myrdal		17
Narvik	14, 100	
Nordkap	14f, 100	
Odda		46
Ohellesund		104
Oksfjord		37
Oslo	18ff, 28	14, 30f
Øvre Dividal Nationalpark	12, 116	6
Øysang	43	
Prekestol	15	62, 128
Raftsund	106f, 109f	6, 105, 107
Ramnabergvatnet	55	50, 54
Reine		105
Rembesdalsvatnet	54	19
Risør	42f, 52	
Russfjell		80
Russvatnet	80	80f
Simadalsfjord	56	
Skei		49
Snøhetta	90, 92	91
Sognefjell	28	
Sognefjord	14, 28, 48	
Søm		35
Sørfjord		46
Sørvika		94f
Stabbesand	43	
Stavanger	10, 18, 28	7, 64
Sunnylvsfjord		72
Svolvær	106	
Sysendalen		59
Trollfjord	106-110	104-110
Trollheimen		60
Trollstigen	48	48f, 74
Trolltindan		104
Tromsø	12, 14, 23, 100	112f
Trondheim	14, 18, 21, 28	76, 86
Tvedestrand	20, 40	34, 37, 40
Ulvik		58
Utnefjord		46
Veslefjell		80f
Vøringfoss		47, 59
Vranfoss		12

Das ist Norwegen:
Blick vom Prekestolen
auf den Lysefjord.

Impressum

Buchgestaltung:
hoyerdesign grafik gmbh, Freiburg

Karte:
Fischer Kartografie, Aichach

Alle Rechte vorbehalten

Printed in Germany
Repro: Artilitho, Trento
Druck und Verarbeitung: Offizin Andersen Nexö, Leipzig
© 2004 Verlagshaus Würzburg GmbH & Co. KG
© Fotos: Lars Schneider

ISBN 3-8003-1637-4

Lars Schneider, Jahrgang 1975, veröffentlicht seit vielen Jahren Reportagen und Fotos in großen deutschen Magazinen und Ausrüstungskatalogen. Er hat mehrere Reiseführer geschrieben. Dreieinhalb Jahre lang war er Redakteur der Zeitschrift »outdoor«, heute lebt und arbeitet er als freier Fotograf und Autor in Hamburg. Mehr über seine Arbeit erfahren Sie im Internet unter www.larsschneider.com.

Dank: Der Autor möchte sich bei folgenden Personen/Firmen für ihre Unterstützung bedanken:
Katrin Griebeling, Wilfried Schneider, Jens Martin, Boris Gnielka, Björn Klauer, Colorline, Norwegische Staatsbahn, Norwegisches Fremdenverkehrsamt, Ortlieb, Necky, Klepper, Marmot, Patagonia, The North Face, Meindl, Jack Wolfskin, Globetrotter Ausrüstung und allen Norwegern.